KB041778

스타트업
특허 바이블

손인호

박영사

스타트업의 미래는 특허에 의해 결정된다

세상을 바꾸는 혁신적인 아이디어는 스타트업의 새로운 시도로 탄생한다. 아마존의 창업자 제프 베조스는 매년 수배씩 증가하는 웹 사용량 통계를 포착하여 온라인 서점이라는 새로운 비즈니스 모델로 전자상거래 생태계를 혁신했다. 그리고 신용카드 정보를 한 번만 입력해두면 버튼을 한 번 클릭하여 주문과 결제가 이루어지는 '원클릭 결제 시스템'을 최초로 시장에 출시하였다.

아마존이 창업 초기에 구상한 '원클릭 결제 시스템'을 특허로 등록하고 20년간 기술과 시장을 독점한 사실은 이제 막 사업을 시작하는 스타트업에게 많은 시사점을 남긴다. 아마존은 특허가 창조적인 아이디어를 보호할 수 있다는 점을 누구보다 빠르게 깨달았던 것이다.

특허에는 다양한 선율이 녹아들어 있다. 기업의 비즈니스를 보호하는 첫 번째 선율과 기업의 자산가치를 높이는 두 번째 선율이 모여 하나의 조화로운 악장이 만들어진다. 스타트업은 특허의 다양한 선율을 활용하여 자신만의 협주곡을 완성해나갈 수 있다.

기업은 제품을 모방하는 경쟁사를 견제하기 위해 특허를 활용하며, 인수합병이나 상장 과정에서 기업의 가치를 높이기 위해서 특허라는 도구를 활용하기도 한다. 특허는 국가가 기술력을 인증한 마케팅 자료이기도 하다. 특허의 다양한 속성은 창업자가 꿈꾸는 미래를 현실로 만드는 과정에서 비즈니스 동반자의 역할을 한다.

"지식에 투자하는 것은 항상 최고의 이자를 지불한다."는 벤저민 프랭클린의 말처럼, 4차 산업 시대에 스타트업이 투자해야 하는 대상은 바로 지식재산(IP)이다. 스타트업이 가진 콘텐츠가 자산이 되고, 지식재산이 축적되어 혁신과 성장이라는 이자를 지불한다. 지식이 재산이 되는 시대에 지식재산을 잘 활용하는 기업이 시장을 독점하고 미래의 성공에 한 발 앞서게 될 것이다.

지식재산은 NFT에서부터 IP 투자까지 세상과 많은 접점을 가지고 있다. 디지털 세상에서 내 창작물의 소유권이 어떻게 되는지, 지식재산을 하나의 투자 대상으로 바라보기 시작한 투자자의 시선은 어디에 있는지, 우리 사회에 등장한 특허 괴물이 지식재산 제도의 지형을 어떻게 바꿔 놓을지 등과 같은 세상의 다양한 이슈를 전문가의 시선에서 바라보았다.

지식재산을 보호하는 대표 주자는 기술과 아이디어를 보호하는 특허이다. 아이디어의 탄생에서부터 특허문서의 작가가 고민하는 글쓰기의 방법까지 특허를 조금 더 쉽게 설명하기 위해 인문학을 활용했다.

특허를 획득하기 위해서는 길고 긴 협상의 줄다리기를 이어나가야 한다. 특허 심사를 위한 협상의 기술과 전략이 필요하다. 특허 획득을 위한 여정에 이 책이 하나의 시작점이 되길 바란다.

이 책은 지식재산의 이야기를 조금 더 쉽게 풀어내기 위해 저자가 기고했던 글과 강의를 한 권으로 엮어 탄생하였다. 세상에 없는 새로운 아이디어를 고민하는 발명자의 입장, 산업의 최전선에서 기업을 운영하는 기업가의 입장, 발명자의 열정의 결과물인 특허를 심사하는 심사관의 입장, 그리고 이들의 조화를 이끌어 내는 변리사의 입장에서 다양한 특허의 속성을 이야기하고자 하였다.

그리고 이 책의 기획부터 모든 고민의 순간을 함께한 사랑하는 아내 윤주에게도 감사의 마음을 전하고 싶다.

세상을 변화시키는 주인공, 스타트업이 특허를 활용하여 더 나은 미래를 만들어 나가는 모습이 기대된다.

2022년 4월
저자 손 인 호

차례

스타트업에게 필요한 특허란?

01 한국에 상륙한 특허 괴물

한강에 괴물이 나타났다?

2000년 서울 한강, 하수구에 버려진 독극물을 먹은 물고기는 괴물로 변했다. 용산 미군기지에서 무심코 흘려보낸 포름알데히드가 물고기를 기형으로 만들었다. 그리고 물고기는 원효대교 북단의 하수구에서 틈틈이 시민들을 노리는 괴물로 성장했다.

개봉한 지 벌써 10년이 넘은 봉준호 감독의 영화 〈괴물〉은 한국 사회에 괴물의 존재를 각인시켰다. 대한민국의 중심인 한강, 한강의 기적의 중심지에서 등장한 괴물은 신선했던 충격으로 기억된다.

2022년 우리 사회에 새로운 괴물이 등장해 화제가 되고 있다. 바로 '특허 괴물(Patent Troll)'이다. 특허 제도가 제공하는 인센티브를 먹고 자라난 이들은 영화 속 괴물과 같이 한국기업들을 먹잇감으로 노리고 있다. 이제 신호탄을 날렸을 뿐이다. 앞으로 본격적인 한국 상륙을 시작하며 평화로운 한강을 아수라장으로 만들 것으로 예상된다.

'특허 괴물'은 우리가 상상하는 한강 속 괴물과 달리 거대한 몸짓을 가지지 않고, 괴상한 모습을 가지고 있지도 않는다. 이들은 특허를 활용하는 기업체의 모습을 가지고 있다. 그런데 이들은 왜 '특허 괴물'이라는 무시무시한 이름을 가지게 되었을까? 그리고 특허 괴물에 왜 주목해야 할까? 이들이 특허를 활용하는 모습에 '스타트업에게 필요한 특허 전략'의 힌트가 숨어 있다.

특허 제도의 강물에서 탄생한 특허 괴물

'특허 괴물'은 특허 제도라는 강물에서 탄생했다. 이들은 기업의 존재 목적인 이윤 극대화를 위해 특허를 활용한다. 괴물과 같은 왕성한 식욕을 가지고 이윤을 추구한다. 특허를 활용한 특허소송이 이들의 주 수입원이다. 특허를 침해한 상대방에게 막대한 합의금을 얻어내거나 배상금을 지급받기 위해 특허를 활용한다. 그 누구보다 특허의 속성을 잘 이해하고 활용하는 특허 전문가이다.

'특허 괴물'은 기업이 가지는 사회적 책임과 효용에는 침묵한다. 고용을 창출하거나, 제품을 판매하지 않는다. 소송이 수익원이므로 '특허 괴물'이 열심히 활동할수록 사회에 법적 분쟁은 증가한다. 이들이 가진 특허의 힘은 파괴적이다. 수백억 원대 소송에서 진 기업을 파산시키기도 한다. 소송을 무기로 대상을 가리지 않고 무자비한 공격을 감행하기에 이들은 '특허 괴물'이라고 불린다.

'특허 괴물'은 특허 제도가 제공하는 먹이를 먹고 자란다. 특허 제도는 기술을 보호하기 위해 탄생했다. 각국이 반독점 규제를 통해 시장을 독점하는 기업을 견제하는 것과 달리, 특허를 통해 시장 독점을 장려한다. 권리자에게 기술을 보호하기 위한 힘을 제공하고, 연구개발을 지속하기 위한 유인을 제공한다.

세상을 바꾸는 스마트폰 기술을 개발하였더라도 경쟁사는 금방 비슷한 제품을 만들어 낸다. 10년을 공들인 연구기간, 수백억 원을 들인 개발비용, 수천 명의 연구인력의 노력을 통해 세상을 바꾸는 기술이라면, 그 누가 기술을 개발할까?

모방은 창조의 어머니라고 한다. 하지만 창조의 동기가 없으면 아무도 창조하지 않는다. 손쉬운 모방의 길을 갈 뿐이다. 그렇기 때문에 세계 각국은 새로운 기술을 개발한 대가로 특허라는 강력한 힘을 제공한다. 기술을 보호할 수 있도록 특허라는 독점권을 허용한다. 기업은 자신이 개발한 기술을 20년이라는 긴 시간 동안 보호받으면서 투자 비용을 회수할 수 있다.

특허라는 합법적인 독점 권한은 시장에서 수익을 차지하는 원동력이자 연구개발을 위한 인센티브로 작용한다. 국가는 기업에게 '특허'라는 인센티브를 제공하여 기술의 창조를 독려한다.

'특허 괴물'이 찾아낸 특허라는 보금자리

특허 제도는 한국 기업과 미국 기업을 차별하지 않으며, 나이와 국적을 묻지 않고 동일한 기회를 제공한다. 권리자가 어떤 일을 하는지, 어떻게 특허를 활용할지 질문하지 않는다. 스마트폰 기술을 개발한 대가로 특허를 인정할 뿐이다. 특허의 주인이 누구인지도 묻지 않는다.

기업은 스마트폰 특허를 획득해서 자신의 제품을 보호하고 사업을 확장해 나아갈 수 있다. 특허에 가치를 부여해서 기업의 주식가치를 높일 수 있으며, 급전이 필요하면 특허를 팔 수도 있다. 자유시장 경제에서 당사자의 합의만 있으면 자유로운 경제 활동을 영위할 수 있다.

'특허 괴물'은 기회를 찾았다. '특허'의 속성을 간파했다. 제품을 생산하지 않고도 특허를 구매해서 소송을 통해 수익을 얻을 수 있다는 것을 알아냈다. 사고의 전환이자 원효대교 북단과 같은 보금자리를 찾은 것이다.

특허를 구매해서 삼성, 애플, 소니, 화웨이에 내 특허를 침해했다고 소송을 하면 된다. 소송에 이겨서 수십억 원에서 수백억 원의 이윤을 창출할 수 있다. 2021년 인텔은 2조 원이 넘는 금액을 특허 괴물에게 배상하라는 판결을 받았다. 만약 삼성과 애플이 싸운다면 기업의 생존을 위협할 정도로 서로에게 상처를 내며 싸우지 않는다. 서로 잃을 것이 많기 때문에 적당한 선에서 합의로 끝낸다.

하지만 '특허 괴물'은 잃을 것이 없다. 제품을 판매하지 않고, 연구개발하지 않는다. 특허라는 문서 한 장으로 소송하고, 지면 소송비용만 내고 끝나면 된다. 특허 괴물을 상대로 운동장은 기울어져 있고, 기업들은 시작부터 불리한 싸움을 할 수밖에 없다.

기업의 생존에 필요한 지식재산, 그리고 특허 전략

특허 괴물이 가지는 긍정적 요소도 있다. 비싼 비용으로 연구개발의 대가를 기꺼이 지불한다. 100억 원대 소송을 위해서 특허를 10억 원에 구매하기도 하고, 지식재산의 중요성을 일깨워 주기도 한다. 무선충전 사업에서 철수하던 LG이노텍은 보유하던 특허를 판매하며 연구개발 비용을 회수했고, 연구기관들도 특허 판매를 통해 수익을 얻어 후속 연구를 계속할 수 있는 원동력을 제공한다.

한국 특허를 사들인 특허 괴물은 삼성전자, 현대차 등의 한국 기업을 매력적인 공격 대상으로 바라보기 시작하였다. 스타트업도 특허 괴물의 레이더망에 포착되고 있다. 삼성전자 전 임원이 특허 괴물로 돌아온 것은 우연이 아니다. 한국에도 고의 침해에 대한 징벌적 손해배상이 들어와 손해배상액이 최대 3배까지 늘어날 수 있는 환경이 되었다. 특허 괴물의 수익 극대화를 위한 제반 조건이 마련되었다.

하지만 영화 〈괴물〉과 같이 주인공 남주의 양궁 실력에만 의존할 수 없다. 글로벌 특허 괴물의 상륙이 시작되기 전 철저한 준비가 필요하다. 지식재산 제도를 이해하면서 특허 전략을 수립하는 것은 기업의 생존을 위한 필수 조건이 되었다.

02 이 세상의 지식재산 _____

콘텐츠와 지식재산의 시대

영화 〈소셜 네트워크〉는 하버드 대학교 학생이었던 마크 저커버그가 페이스북을 만드는 이야기를 다룬다. 대학생들의 호기심에서 시작되었던 서비스는 전 세계를 뒤흔드는 플랫폼으로 성장했다. 그리고 연이어 등장한 유튜브와 인스타그램이라는 스타트업은 세상을 바꾸는 빅테크 기업이 되었다. 소셜 네트워크 서비스는 콘텐츠와 창작자의 매력으로 세상을 사로잡을 수 있는 패러다임의 변화를 만들어 냈다. 콘텐츠의 힘이 중요한 세상이다.

동영상 공유 사이트로 실리콘밸리에서 탄생한 유튜브는 세상을 창작자의 시대로 만들고 있다. 유튜브는 3년간 200만 명이 넘는 콘텐츠 창작자에게 30조 원 이상의 수익을 배분할 정도로 창작자 친화 정책을 펼치고 있다. 누구나 스마트폰의 화면을 통해 자신의 영상을 세상에 공유할 수 있으며, 금전적 보상은 새로운 창작자들을 불러내는 작용을 한다. 빠르게 성장한 기업은 많지만 문화를 바꾸는 기업은 소수이다. 유튜브는 동영상 플랫폼을 넘어 1인 미디어의 세상을 열고, 디지털 노마드를 가능하게 하였으며, 문화를 만들어 내는 공간으로 자리 잡았다. 4차 산업과 함께 콘텐츠 산업의 지형 변화는 지식재산을 세상의 중심으로 끌어들이고 있다.

우리가 가진 모든 콘텐츠들이 지식재산이다. 4차 산업과 함께 지식재산의 시대에 한걸음 더 가까워지고 있다. 우리는 모두 자신만의 경험과 생각을 가지고 있다. 나만이 가진 개성은 다른 사람들과 구별되는 매력을 만들고 나만의 콘텐츠를 만들어 낸다. 가장 개인적인 것이 가장 창의적인 것이자 나만의 콘텐츠이다. 자신만의 개성이 담긴 콘텐츠는 새로운 수익을 만들어 내는 원천이다. 하나둘씩 쌓인 창작물들이 모여 책이나 영화로 탄생하고, 또 다른 영감을 만들어 낸다. 이렇게 만들어진 콘텐츠는 무한한 힘을 가지는 지식재산이 된다.

영화 〈기생충〉으로 2020년 오스카의 주인공으로 거듭난 봉준호 감독, 넷플릭스 TV 드라마 〈오징어 게임〉으로 2021년 세계적인 주목을 받은 황동혁 감독은 자신만의 이야기로 콘텐츠를 만들었다. 세상은 우리가 만들어 내는 콘텐츠에 반응할 준비가 되어 있다.

"가장 개인적인 것이 가장 창의적인 것이다."

— 마틴 스콜세이지 —

지식재산이란 무엇일까?

우리는 지식이 재산이 되는 시대에 살고 있다. 우리가 가진 지식과 경험은 콘텐츠를 만들어 내는 원천이고, 자신만의 콘텐츠가 자산이 된다. 발명가이자 미국 건국의 아버지로 불리는 벤저민 프랭클린도 지식이 만들어 내는 가치를 강조했다.

세상의 모든 창작물이 지식재산이다. 스쳐가는 아이디어부터, 내가 블로그에 쓴 글, 여행을 가서 찍은 사진도 모두 창작물로 보호되는 지식재산이다. 스타트업의 비즈니스 모델, 프로젝트를 통해 개발한 애플리케이션, 창업 이후에 고생하며 얻은 노하우도 지식재산이다. 기업의 브랜딩 과정에서 만들어진 로고, 매장에서 물건이 잘 팔리도록 진열하는 콘셉트도 모두 지식재산이다. 우리가 살아가며 보고 느낀 모든 것, 그리고 창조한 모든 것이 지식재산이다.

창의적인 아이디어에 기쁘기도 하고, 쉽게 떠오르지 않는 과제를 끌어 앉고 며칠 동안 머리를 싸매기도 한다. 창작의 고통에 몸서리치기도 한다. 우리가 경험하고 창조한 재산적 가치가 있는 모든 것을 '지식재산'이라고 부를 수 있다. 지식재산은 늘 우리 곁에 있다.

2021년 최고의 히트작 〈오징어 게임〉은 황동혁 감독이 2009년 대본을 완성하고 10년 넘게 묵힌 작품이다. 당시에는 낯설고 잔인한 시나리오였다면 세상이 바뀐 지금 재밌고 현실감이 있다는 반응으로 전 세계적인 공감대를 얻어냈다. 영화의 시나리오, OST, 세트장, CG 영상은 모두 지식재산권으로 보호받을 수 있다.

봉준호 감독의 영화 〈괴물〉을 비롯하여 많은 SF 영화들이 컴퓨터 그

래픽(CG) 영상처리 기술을 활용하여 제작된다. 영화를 더 실감나게 만들어주는 CG 기술을 개발하고, 영상 속 인물의 표정을 더 생동감 있게 촬영하는 카메라를 개발하였다면 이 모든 기술은 지식재산권으로 보호받을 수 있다. 지식재산은 관점에 따라 특허권, 상표권, 디자인권, 저작권 등의 다양한 지식재산권으로 보호받게 된다.

"지식에 투자하는 것은 항상 최고의 이자를 지불한다."
― 벤저민 프랭클린 ―

기업의 콘텐츠를 보호하는 지식재산권

영화의 마지막에 나오는 엔딩 크레딧은 쉽게 잊혀지지만, 영화 하나를 제작하는 데 투입되는 기술과 인력은 셀 수 없을 정도로 많다. 2시간짜리 영화를 제작하기 위해서 촬영감독 이외에도, 미술감독, 음악감독, 조명감독의 역할이 필요하다. 수많은 세트 장비와 영상처리 기술도 필요하다. 영화 산업이 예술 작품을 넘어서 부가가치 높은 핵심 산업으로 자리매김하면서 카메라 하나로 영화가 완성되던 시절은 지났다. 하나의 영화를 제작하는 과정에서 수많은 지식재산이 탄생하고 있으며, 다양한 유형의 지식재산이 활용된다. 콘텐츠 산업의 중심에는 지식재산이 있다.

기업의 운영 과정에서도 수많은 지식재산이 탄생한다. 게임회사가 하나의 게임을 출시하여 운영하기 위해서는 개발자들이 만들어낸 소프트웨어, 게임을 소비자들에게 제공하기 위한 온라인 플랫폼, 유저들의 접속을 관리하는 서버 시스템, 게임을 조작하기 위한 게임기, 화면 속 캐릭터, 게임의 세계관, 배경음악 등의 다양한 지식재산이 등장한다. 기업은 자신의 콘텐츠를 보호하기 위해서 지식재산의 유형별로 보호하는 방안을 고민하게 된다.

지식재산의 1막 1장, 기술과 아이디어를 보호하는 특허권

특허 괴물의 사례를 떠올려 보자. 특허 괴물이 특허를 활용할 수 있는 이유는 국가가 합법적인 독점 권한을 제공했기 때문이다. 국가는 새로운 기술을 개발하여 세상에 공개하는 대가로 '특허'라는 권리를 부여한다. 특허는 기술을 개발한 기업에 대한 보상이자 시장을 지배하는 힘을 제공하는 원천이다. 시장을 독점하는 힘은 매력적이다.

이에 반해 세계 각국은 대표적인 빅테크 기업 구글에게 인앱 결제를 강제하였다는 이유로 반독점 위반의 과징금을 부과했다. 시장 지배력을 높인 기업은 매출과 이윤을 손쉽게 얻을 수 있기 때문에 국가는 시장을 독점하는 힘을 기업에게 쉽게 부여하지 않는다. 기업이 보유한 기술과 아이디어를 보호받기 위한 최선의 방법은 특허권을 획득하는 것이다. 창조적인 모방을 하는 경쟁사로부터 기술과 아이디어를 지켜낼 수 있는 힘은 스스로 만들어 낸 특허라는 독점권이다.

하나의 콘텐츠도 관점에 따라 다양한 특허로 보호받을 수 있다. 같은 풍경도 카메라 앵글을 바꾸면 다른 느낌을 주는 것과 같은 이치이다. 인물의 표정을 담기 위해 얼굴을 촬영하거나 떨리는 손동작을 촬영하여 같은 대상의 여러 모습을 담을 수 있다. 인물의 정면이 아닌 옆모습을 촬영하여 생동감 있는 동작을 표현할 수 있다. 기업이 보유한 지식재산에 기술이라는 필터를 적용하여 특허의 후보들을 걸러내고 비즈니스에 도움이 되는 발명들을 보호하는 단계를 거친다.

게임 회사는 개발자들이 만들어 낸 게임을 특허로 보호받을 수 있다. 소프트웨어를 동작시키는 뼈대인 알고리즘이나 원활한 게임 운영을 위해 데이터를 가공하는 방법을 특허로 보호받을 수 있다. 데이터 연산량을 줄이거나 통신 속도를 향상하는 기술은 속도가 중요한 게임 업계에서 항상 주목받는다. 서버나 컴퓨터에서 게임을 운영하는 세부적인 특징도 발명으로서 특허의 보호대상이 된다.

만약 게임기 사업의 비중이 크거나, 경쟁사가 따라 하기 어려운 핵심 기술이라면 게임기를 특허로 보호받는 것이 바람직하다. 게임기의 형상이나 부품을 하나의 앵글로 바라보거나, 게임기의 소재를 또 다른 앵글로서 바라볼 수 있다. 사람의 손의 구조를 고려하여 인체공학적인 게임기를 설계하였거나, 게임기의 제조 원가를 절감할 수 있는 신소재 금형을 제작한 경우에 특허를 받을 수 있다. 게임기 내부에 들어간 반도체 칩을 새로 만들었다면 반도체 칩을 보호 대상으로 선정하는 전략이 필요하다. 게임기의 조이스틱의 마찰력을 높이기 위해 고무 재질을 새로 개발한 경우에는 폴리머 조성물을 특허로 보호받을 수 있다. 이렇게 기업의 관심사에 따라 보호 대상과 관점이 조금씩 달라진다.

비즈니스 모델에 특징이 있는 기업이라면 게임 아이템 거래 기법이나 게임 내 화면을 분석하여 파티를 형성하는 기술 등에 대해서도 특허를 받을 수 있다. 게임에 동시에 접속하는 사용자가 많은 경우에 각 사용자들의 접속 우선순위를 결정하는 방법도 게임사의 입장에서는 핵심 노하우이자 지식재산이다. 특허라는 카메라의 앵글을 바꿔가며 기업의 비즈니스를 보호할 수 있는 기술의 장면을 잘 포착하는 것이 필요하다.

기업의 브랜드를 보호하는 상표권

SBS 〈골목식당〉에서 화제가 된 '포항 덮죽집'이 출시한 '덮죽'과 EBS 〈자이언트 펭〉의 대표 캐릭터 '펭수'를 제3자가 먼저 상표출원하여 상표를 선점하려는 시도가 있었다. 사업을 시작하기 전에 상표를 먼저 등록하지 않아 발생하는 분쟁이 발생하는 대표적인 사례이다. 상표를 획득하지 못한 기업은 심각한 경우에 브랜드나 제품 명칭을 변경해야 한다.

상표는 기업의 브랜드를 보호한다. 상표는 제품이나 서비스의 출처를 표시하기 위한 목적으로 활용된다. 기술을 다루는 특허와는 조금 다른 성격을 가지고 있다. 특허는 기술을 기반으로 하는 기업에게 중요하지만, 상표는 모든 기업에게 영향을 미친다. 상표는 B2B 비즈니스나 B2C 비즈니스를 가릴 것 없이 모든 기업들의 생존에 필요하다.

소비자나 고객에게 내 제품과 서비스를 알리기 위해서는 상표가 필요하다. 우리가 자신만의 이름을 가지고 있는 것처럼, 제품과 서비스의 명칭도 다른 제품과 구별하기 위해서 로고나 명칭이 필요하다. 대표적인 게임기 제조사는 '닌텐도'나 '플레이스테이션'이라는 명칭의 상표를 사용하여 고객에게 자신의 제품을 알린다. 자신의 브랜드를 소비자에게 전달하고, 내 서비스를 알리는 상징적인 수단이 상표의 보호 대상이다.

국내 유니콘 스타트업 크래프톤은 다양한 두터운 상표 포트폴리오를 구축하여 자신의 게임을 보호하는 대표 기업이다. 게임 명칭 '배틀

표 1‖ 펍지 주식회사의 등록상표

상표	상표의 특징
펍지	회사의 국문명칭
PUBG	회사의 영문명칭
배틀그라운드	게임의 국문명칭
BATTLEGROUNDS MOBILE	게임의 영문명칭
배그	게임의 약칭
에란겔	게임 내 지명
REDZONE	게임 내 규칙
치킨이닭!	게임 내 메세지
	게임 내 로고

출처: 특허청 키프리스

스타트업 특허 바이블

그라운드'의 한글 명칭, 영문 명칭을 상표로 보호받는 것을 넘어 게임의 약칭 '배그'까지 상표로 등록했다. 그리고 게임 내의 가상의 지명 '에란겔, 미라마, 사녹' 등의 특징적인 콘셉트도 상표로 등록하여 자신의 브랜드를 보호하고 있다. '이겼닭, 치킨이닭'과 같은 게임의 상징적인 요소들도 상표로 보호받는 전략을 취한다. 여러 지식재산권 중에서 상표권이 어렵게 구축한 브랜드 이미지와 제품의 가치를 보호할 수 있는 권리이다.

제품이나 서비스의 외관을 보호하는 디자인권

디자인(Design)은 다양한 분야에서 활용되고 있다. 산업 디자인, 시각 디자인, 패션 디자인 등의 분야에서 디자인이 활용된다. 디자인권의 보호 대상인 디자인은 조금 더 좁은 의미에서 물품의 형상이나 모양 등을 시각적으로 표현한 것을 말한다.

디자인권을 통해 제품이나 서비스의 외관을 보호할 수 있다. 애플리케이션의 유저 인터페이스(UI)나 사용자 경험(UX)에 관한 화면상의 디자인이나 제품의 독특한 외형을 디자인권으로 보호받을 수 있다. 심플한 디자인을 디자인권으로 등록해두는 것이 특허권보다 강력한 힘을 발휘할 때도 있다.

디자인권이 문제가 된 대표적인 분쟁 사례는 2011년 시작된 삼성과 애플의 소송이다. 삼성과 애플의 소송에서 핵심 쟁점은 아이폰과 갤럭시의 디자인이 유사하다는 점이었다. 애플은 자사의 모서리가 둥근 형상의 스마트폰 디자인, 홈버튼, 애플리케이션 배열, 밀어서 잠금 해제, 바운스백 등에 관한 디자인권 침해를 주장하였다. 애플은 스마트폰의 화면을 좌우로 넘길 때 마지막 사진에 도달할 때 더는 넘겨지지 않고 반대 방향으로 튕겨 되돌아가는 UX/UI까지 디자인권으로 등록받았고, 밀어서 잠금 해제 등의 사용자 편의를 위한 애플리케이션 인터페이스를 권리로 획득하여 자신의 지식재산을 다각도로 보호하고 있었다.

애플의 사례와 같이 물품의 일부 형상을 부분디자인으로 보호받거나 모바일 화면에 표시되는 다양한 UI/UX를 화상디자인으로 보호받음으로써 지식재산을 다양한 관점으로 보호받을 수 있다. 특허로 받을 정도의 기술력이 아니라고 판단된다면 디자인권이라는 보호 장치를 선택하는 전략도 필요하다.

인간의 표현을 보호하는 저작권

저작물은 인간의 사상이나 감정을 표현한 창작물을 말한다. 인간이 창작한 모든 표현은 보호받을 수 있다. 유튜브 영상, 웹툰, 영화 시나리오 등 소설이나 음악, 사진과 영상이 모두 저작권의 보호 대상이다. 게임의 화면 구성, 배경음악, 캐릭터, 컴퓨터 프로그램의 소스코드 등이 모두 저작권으로 보호받는다.

세계적인 가수 방탄소년단(BTS)의 프로듀서는 4년 연속 국내에서 가장 많은 저작권료 수입을 올릴 정도로 저작권이 가지는 부가가치는 높다. 핀테크 기술이 성장하면서 기술과 금융을 결합하여 음악 저작권료에 투자하는 투자자도 늘고 있으며, NFT 상품은 저작권 투자를 활성화하고 있다.

저작권은 저작물의 공정한 이용을 도모하고, 문화 관련 산업의 발전을 위한 것으로서 저작권자의 사후 70년까지 권리가 인정된다. 특허, 상표, 디자인과는 조금 다른 특징을 가지고 있으므로, 각 지식재산권의 특징을 이해하고 적절한 보호 방안을 모색할 필요가 있다.

기업이 보유한 지식재산의 종류에 따라 보호받을 수 있는 지식재산권의 유형이 달라진다. 각 권리의 특성을 이해하고 최적의 지식재산권 포트폴리오를 형성할 수 있다.

03 당신은 왜 특허가 필요한가?

사업의 주춧돌, 특허가 필요한 이유

건축은 기초 공사에서 시작된다. 건물을 높이 올리려면 잘 다진 바닥이 필요하다. 기초 공사를 잘못한 경우 건물의 무게를 견디지 못하고 건물이 기울어지고 균열이 생기고 만다. 한옥에서는 잘 다진 기초 위에 초석을 올려 기둥이 올라갈 자리를 만든다. '초석을 다진다'는 말은 건축의 시작을 알리는 말이다.

한옥에서 기둥 밑에 놓는 돌인 '주춧돌'은 건물이 세월의 풍파를 이겨낼수 있도록 보이지 않는 역할을 한다. 기둥이 바닥을 누르는 하중을 견디고, 기둥과 바닥이 직접 만나는 것을 막아 습기로부터 기둥을 보호한다. 주춧돌은 한옥이 세월의 풍파를 견디게 한다.

특허는 사업의 주춧돌과도 같다. 보이지 않는 곳에서 사업을 지지하는 역할을 한다. 모방과 경쟁이라는 비바람을 견디도록 건물을 견고하게

유지한다. 회사의 기술을 보호하기 위해 특허라는 초석을 다지는 시간
이 필요하지만, 특허는 기업이 성장할 수 있는 견고한 터전을 제공한다.

사업이라는 건축물을 세우기 위한 초석으로 특허가 활용되어야 한
다. 특허의 다양한 속성을 이해하면서 지식재산 기초 공사를 마친다면
긴 여정에서 길을 잃지 않고 항해할 수 있다.

가우디의 건축과 특허의 선율

바르셀로나의 대표적인 건축가 안토니 가우디의 건물은 '신이 지상
에 머물 유일한 거처'라는 평가를 받을 정도로 찬사를 받는다. 자유로운
사고를 가진 그의 건축물에는 직선이 없다. '자연에는 직선이 존재하지
않는다'는 괴테의 자연론에서 영감을 받아 자연을 새롭게 해석한다. 구
엘 공원과 카사 밀라라는 역작을 남겼고, 사그라다 파밀리아 대성당은
1882년 착공한 이래 100년이 지난 아직도 건축 중이다.

가우디의 대표작 사그라다 파밀리아 대성당은 독특한 외관으로 시선
을 사로잡지만 내부는 평화롭다. 스테인드글라스 창문을 통과하는 햇
살은 신성한 느낌을 준다. 가우디의 작품은 하나의 관점으로 설명하기
어렵다. 그의 건축물은 자유로움과 색다른 경험으로 자연의 다양한 속
성을 투영한다.

특허에도 다양한 선율이 있다. 기술은 시시각각 진화하고 새로운 관
점은 새로운 아이디어를 탄생시킨다. 특허에는 자연과 같이 정형화할
수 없는 변화의 에너지가 포함된다. 그렇기 때문에 특허를 가공하는 발
명자와 전문가는 창조적인 설계자가 되어야 한다. 안토니 가우디와 같

이 자연을 이해하고 기업에게 필요한 특허 건축물을 설계하는 노력이 필요하다.

기업의 성장 잠재력을 이끌어 낼 수 있도록 특허의 모습을 관찰하기 위한 관심이 필요하다. 특허가 필요한 이유에 따라 특허는 다양한 모습으로 새로운 생명력을 가질 수 있다. 특허의 잠재력은 기업이라는 내부 공간과 시장이라는 외부 공간을 맞춤 설계하면서 드러난다.

특허가 필요한 이유는 다양하다. 비즈니스를 보호하기 위해 특허가 필요하고, 기업의 자산가치를 높이기 위해 특허가 필요하며, 기업의 경영 과정에 도움을 주는 동반자의 역할을 맡기기도 한다. 비즈니스와 특허, 법률과 특허, 기술과 특허의 다양한 모습을 활용하는 기업이 지식재산의 파도를 타고 앞을 향해 나아갈 수 있다.

"자연은 신이 만든 건축이며, 인간의 건축은 그것을 배워야 한다."

— 안토니 가우디 —

특허를 획득하는 첫 번째 이유: 비즈니스를 보호하는 창과 방패

특허의 본질은 비즈니스를 보호하는 것이다. 특허를 위한 특허는 활용되지 않고 사장된다. 사업을 보호하지 못하는 특허는 실리와 명분을 모두 잃는다. 불필요한 비용과 에너지를 낭비하게 된다. 내 아이디어와 기술을 보호함으로써 내 비즈니스를 보호하는 것이 특허를 획득하는 첫 번째 이유가 되어야 한다. 특허 괴물이 특허를 활용하는 이유도 자신의 기술을 법적으로 보호받을 수 있기 때문이다.

누가 나와 비슷한 제품을 출시한 경우에 두 손을 놓고 있을 수 없다. 내 제품과 서비스가 특허에 반영되어 있다면 상대방의 제품 판매를 중단시킬 수 있다. 모방의 대가는 막대한 배상금과 합의금이며, 특허는 모방 기업의 생존을 위협하는 무기로 활용된다. 권리 위에 잠자는 자는 보호받지 못한다.

원하는 건축물을 설계하듯이 내 비즈니스를 이해하여 최적의 특허 포트폴리오를 형성하는 노력이 필요하다. 튼튼한 성벽이 내 보금자리를 안전하게 지켜낼 수 있다. 후발주자의 시장 진입은 피할 수 없는 시장의 생리이다. 특허는 잠재적인 경쟁자의 의지를 꺾고, 내 사업에 영향을 미치는 요인을 제거하기 위한 안전핀은 내가 만들 수 있다. 특허는 비즈니스를 보호하는 창과 방패의 역할을 수행한다.

특허를 획득하는 두 번째 이유: 기업 가치를 높이는 촉매

가우디의 7개 건축물은 세계유산으로 등재되었다. 인류의 유산이자 자산이다. 잘 설계된 특허는 기업의 자산이 될 수 있다. 특허는 수익을 창출하는 자산으로서 기업의 가치를 높이기 위해 활용될 수 있다. 회계적으로 기업의 가치의 일부가 되거나 회사의 기술력을 알려 기업의 성장가치를 인정받을 수 있다. 특허와 회계학의 만남이고, 특허와 경영학의 만남이다. 특허는 수익을 창출하는 자산가치를 가지므로 이를 평가하여 자산으로서 현금흐름을 만들어낼 수 있다. 지식재산 금융의 시작과 끝도 특허의 수익창출 능력이다.

특허는 법률 분쟁을 예방하기 위한 보험과 같은 성격이 있지만, 기업

가치에 기여한다는 측면에서 독특한 성질을 가진다. 특허의 속성은 비용을 자산으로 만드는 연금술과 같은 성격을 갖는다. 특허의 숨은 가치를 발견하는 것은 특허 건축가의 창조적인 시선이다.

그동안 특허를 획득하고 유지하기 위해 사용되는 비용은 특허 분쟁을 예방하기 위해 지출되는 비용으로 인식되고 있었다. 분쟁이 없다면 특허를 관리하는 비용은 매몰비용으로서 회수할 수 없는 비용으로 끝난다. 법률비용은 기업의 목적인 이윤 창출과 상반되는 비용으로서 특허 예산은 골칫거리로 이해되기 십상이다.

그러나 기업의 제품과 서비스를 보호하는 특허는 소송 수익을 발생시키고, 기술을 활용하기 위한 기업에게 특허 사용료를 얻을 수 있으며, 기업의 시장 점유율을 확대하는 데 기여한다. 소송이 없더라도 시장 협상력을 제공하고, 경쟁자의 허들을 만들어 낸다. 이러한 특허는 투입 비용을 넘어서는 부가가치를 만들어내고, 자산으로서 경제적 효과를 만들어 낸다.

기업의 미래가치는 기업의 성장 동력이자 투자자가 주목하는 핵심 평가요소이다. 회사의 기술력을 증빙하고, 기술의 차별성을 증명하면서 기업 가치를 높이기 위해 특허를 다목적으로 활용할 수 있다.

특허를 획득하는 세 번째 이유: 기업 경영의 도구

특허는 기업의 경영에 활용되는 의사결정 도구이다. 분쟁에만 활용되는 특허는 잠들어 있는 잠재력을 이끌어 내지 못한 특허이다. 인수합병(M&A)이나 기업공개(IPO) 과정에서 특허를 활용하여 스타트업 엑싯에 도움을 주거나, 연구개발 과정에 특허를 활용하여 시장의 공백을 찾기 위한 전략적인 의사결정을 수행할 수 있다. 특허 소송을 위한 권리 범위는 경영에 활용되는 하나의 속성에 불과하다.

매출에 기여하는 특허도 좋은 특허이지만, 기업 간의 협상이나 정부 지원사업이나 기업 인증에 활용될 수 있는 특허도 기업의 경영에 도움을 주는 좋은 특허이다. 경영진의 관심이 특허에 반영되는 지점에서 특허의 존재가치가 발현된다. 특허는 다목적으로 활용될 수 있는 좋은 자원이다. 특허의 잠재력은 선수의 노력과 감독의 관심에 따라 다르게 꽃핀다.

04 스타트업에게 맞는 옷이 필요하다 _____

특허는 스타트업에게 맞는 옷을 찾는 과정

검은색 터틀넥과 청바지는 스티브 잡스의 상징과도 같다. 세상의 관심이 집중되는 프레젠테이션 현장에 항상 같은 패션으로 등장한다. 평범해 보이는 스티브 잡스의 패션은 여러 시행착오 끝에 얻어낸 최적의 스타일이다. 단종된 검정 터틀넥을 일본 출신의 세계적 디자이너로부터 수백 벌 주문 제작하였고, 10년이 넘는 기간 동안 자신만의 패션을 추구했다. 목선의 길이까지 바꿀 정도로 세심하게 자신의 스타일을 관리했다. 단순함과 간편함이라는 자신의 철학을 패션으로 드러낸 것이다. 일관성 있는 패션은 오히려 애플 제품의 혁신성을 강조하는 전략이기도 했다.

스타가 입었던 옷과 신발은 화제가 되고 금세 유행을 선도한다. 그러다 보니 비슷한 옷을 입은 클론으로 가득 찬 길거리를 걷는 경험을 종종한다. 세련된 것처럼 보였던 유행을 따라가다 보면 자신만의 색채를 잃기 마련이다. 유행하는 옷을 입더라도 어딘가 불편하고 어색했던 경험이 있다.

나의 매력은 나만의 스타일에서 탄생한다. 체형의 단점을 보완하고, 매력을 높이며, 나라는 사람이 감각적이고 세련된 이미지를 풍기고 싶다면 자신만의 스타일을 발견하여야 한다. 내 체형에 맞는 옷을 찾기 위해서는 스티브 잡스와 같은 자신만의 취향이 필요하다.

특허는 기업을 보호하기 위한 하나의 장치이자 기업이 활용할 수 있는 도구이다. 스타트업에게 맞는 특허는 유행이나 획일화된 특허가 아니라 기업의 색채를 살릴 수 있는 특허이어야 한다. 기업의 철학과 경영 상황에 따라서 기업의 경영 스타일을 반영하는 특허 스타일링이 필요하다. 기업이 지닌 기술의 약점을 찾고 보완하며, 투자자나 고객에게 기업의 매력을 전달하고, 기업의 이미지를 구축할 수 있다.

스타트업의 성장 특성, 투자 성격, 타깃 고객, 기업문화는 새롭게 정의된다. 스타트업의 특수한 상황을 종합적으로 고려하여 만들어지고 관리되는 특허 스타일링이 필요하다.

스타트업과 J-커브 성장

스타트업의 강점은 빠른 성장이다. 안정적인 연 매출 10억 원보다, 연 매출 1억 원에서 1년 뒤에 연매출 5억 원으로 성장하는 스타트업이 투자자의 눈에 매력적이다. 현재보다 미래의 가치에 주목한다. 부동산 임대업보다 프롭테크 기업이 주목받고, 렌트카 업체보다 공유차량 플랫폼이 주목받는다.

스타트업에게 필요한 특허란?

그림 1‖ 스타트업의 성장 곡선

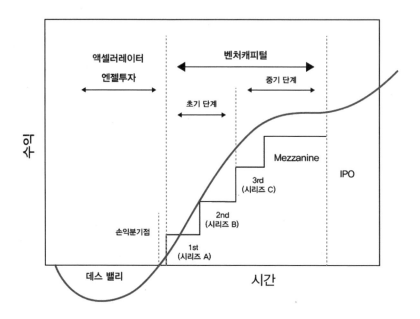

스타트업 생태계는 불확실한 미래에 투자하고, 폭발적인 성장 가능성이 있는 기업을 찾아 나선다.

스타트업은 기존의 대기업과 성장 주기와 패턴이 다르다. 데스밸리(Death Valley)를 넘어서는 소수의 기업만이 살아남는다. 시장을 탐색하며 초기의 인력 부족과 자금 부족을 이겨내야 한다. 엔젤투자자와 액셀러레이터의 도움으로 기반을 다지고, 시리즈 A의 단계부터 시리즈 B, C를 넘는 과정에서 벤처캐피털의 문을 두드려야 한다. 아무도 가보지 않은 시장의 문을 여는 창업자의 모험이 이어진다.

하워드 러브의 〈스타트업의 J-커브〉 이론에 따르면 스타트업은 창업 시작(Create), 시제품 출시(Release), 변화와 전환(Morph), 비즈니스 모델 최적화(Model), 스케일업(Scale), 수익창출(Harvest)의 6단계를 지나며 폭발적으로 성장한다. 기업공개나 인수합병을 통해 엑싯까지 이어지는 긴 여정을 이어 나간다.

에릭 리스의 〈린 스타트업〉에서도 구축(Build), 측정(Measure), 학습(Learn)의 단계를 반복하며 시장에 대한 가정을 테스트하고, 프로토타입을 진화시켜 스타트업의 비즈니스 모델을 최적화한다.

스타트업의 성장 단계별 특허 스타일링

스타트업은 기존 시장에서 적용되던 성공 방정식이 더는 적용되지 않는 새로운 시장을 경험한다. 시장 탐색과 고객의 반응은 필연적으로 사업모델을 바꾸게 만드는 요인으로 작용한다. 이러한 스타트업의 특징은 스타트업의 특허 관리 난이도를 증가시킨다. 비즈니스 모델 변화에 대응하여 특허의 모습을 바꾸기 위한 스타일링을 지속하여야 하고, 스타트업의 성장 단계별로 특허를 획득하는 전략을 조정하여야 한다.

1단계: 창업 시작(Create)

2단계: 시제품 출시(Release)

3단계: 변화와 전환(Morph)

4단계: 비즈니스 모델 최적화(Model)

5단계: 스케일업(Scale)

6단계: 수익창출(Harvest)

스타트업 성장의 1단계에서는 창업의 초기 가설을 탐색하는 데 많은 역량이 집중된다. 이 시기에 탄생한 아이디어는 추후에도 활용될 수 있는 기업의 지식재산의 보고이다. 성숙되지는 않았지만 가공되지 않은 다이아몬드 원석과 같이 기업의 노하우로 정리되어 데이터베이스로 관리할 수 있다. 모든 아이디어를 특허로 획득하는 것은 비용과 역량을 낭비하는 것이다. 따라서 가설을 이루는 특허 포인트를 우선순위의 상단에 두고 권리화를 준비하기 시작하게 된다.

스타트업 성장의 2단계에서는 최소 기능 제품(MVP: Minimum Viable Product)을 출시하여 시장의 반응을 살피게 된다. 시장의 반응을 확인하기 위해 공개하는 순간 제품이 노출되게 되므로, 시제품 출시 이전에 특허출원을 통해 시제품이 노출되더라도 보호받을 수 있는 안전장치를 구비하여야 한다. 스스로 공개한 기술은 자신의 발목을 잡는 방해물이 될 수 있다. 가설의 수립과 검증 과정에서 정비한 특허 포인트를 예산의 범위 내에서 선별하여 특허출원하는 전략이 필요하다. 3가지 버전의 프로토타입을 구현하였다면 임시 명세서 제도와 같은 특허 제도들을 활용하여 잠재 시장들에 대한 선택지를 가져갈 수 있다.

스타트업 성장의 3단계에서는 시장의 반응을 확인하여 비즈니스 모델을 변형하거나 보완한다. 고객의 피드백과 데이터는 사업의 방향을 바꾼다. 새로운 시장에 대한 소비자의 반응으로 시장을 탐색하기 때문에 가설은 검증되고 변화한다. 특허라는 생물은 등록과 함께 성장이 멈추기 때문에, 피벗(Pivot) 단계까지 의도적으로 권리 획득을 지연하는 전략을 택할 수 있다. 특허문서를 수정하거나 별도의 특허출원을 통해 비즈니스 모델 변화에 특허를 동기화할 수 있다. 스타트업의 특허 전략에도 민첩성과 유연성이 중요하다.

스타트업 성장의 4~6단계에서는 마켓 테스트를 성공하고 본격적인 제품 양산으로 매출 확보하고 사용자를 늘리게 된다. 시리즈 A 이상의 투자를 받은 스타트업은 정량적인 특허 풀을 형성하여 포트폴리오를 구축해 나가고, 정성적으로 강한 특허를 확보하기 위해 노력해야 하는 시점이다. 매출과 사용자의 성장은 특허 포트폴리오의 양적 성장과 질적 성장을 동반하여야 한다. 해외 시장 진출을 염두하고 있으면 특허협력조약(PCT)을 활용하여 해외 시장에서 발생하는 경쟁까지 준비하게 된다.

스타트업의 특허 스타일링을 위해서는 성장 주기를 이해하는 것이 필요하다. 성장 단계별로 전략을 조절하며 스타트업의 한정된 예산과 인력을 최적화하는 전략이 요구된다. 스타트업의 J-커브 성장은 특허의 성장을 의미하기도 한다.

II

특허를 획득하는 과정

01 아이디어의 탄생 _____

요리를 위해서는 신선한 재료가 필요하다

tvN 프로그램 〈집밥 백선생〉을 보고 요리를 직접 하기 위해서 가장 먼저 필요한 것은 냉장고를 열어서 신선한 재료를 준비하는 것이다. 맛있는 김치찌개를 만들기 위해서는 먼저 신선한 김치를 준비해야 하고, 취향에 따라 참치를 넣을지 고기를 넣을지 선택하면 된다. 입맛에 따라 설탕을 한 스푼 넣거나, 간이 세다면 물을 더 넣어 맛있는 요리를 완성할 수 있다. 인터넷의 황금 레시피를 적용하는 것도 중요하지만 잘 숙성된 묵은지가 김치찌개의 맛을 좌우하는 핵심 요소이다.

특허의 탄생도 이와 마찬가지다. 내 사업을 보호하기 위해 특허를 획득하기 위해서 가장 먼저 필요한 것은 좋은 아이디어를 선별하는 것이다. 아이디어를 어떻게 가공하여 특허로 만들지는 시장과 비즈니스 상황을 고려하여 결정하면 된다. 쿠팡과 무신사와 같은 유니콘 기업들도 시장 반응을 살피고 소비자의 요구에 따라 지속적으로 비즈니스 모델을 바꿔나간다. 스타트업에게 피벗(Pivot)은 숙명과도 같다. 시장의 변화에 따라 특허 아이디어의 방향을 전환하거나 조미료를 첨가하는 과정은 자연스러운 현상이다.

냉장고에서 신선한 요리 재료를 찾는 것과 달리 좋은 아이디어는 우리 눈에 쉽게 보이지 않는다. 우리는 뉴턴이 나무 아래에서 사과가 떨어지는 것을 보고 아이디어를 떠올린 것처럼 번뜩이는 영감을 원하지만, 내가 뉴턴이 아님을 깨달을 뿐이다.

> "내가 가치 있는 발견을 한 것은 다른 능력보다
> 참을성 있게 관찰한 덕분이다."
> – 아이작 뉴턴 –

아이폰의 등장과 같이 세상을 놀라게 하는 혁신적인 제품은 세상을 바꾼다. 하지만 "하늘 아래 새로운 것은 없다"는 격언처럼 무에서 유를 창조하는 아이디어는 쉽게 떠오르지 않는다. 그럼에도 좋은 특허를 위해서는 창의적인 아이디어와 새로운 비즈니스 모델이라는 좋은 재료가 반드시 필요하다.

그렇다면, 좋은 아이디어는 무엇일까?

일상에서 떠오르는 수많은 아이디어가 특허의 재료가 될 수 있다. 다이아몬드 광산에서 원석을 발견하는 것처럼 좋은 특허를 위한 원재료를 찾아다녀야 한다. 순도 높은 원석만이 다이아몬드 반지로 가공된다.

만약 특허 원재료를 찾기 어렵다면 발명을 위한 아이디어를 스스로 설계하는 것도 하나의 방법이다. 뉴턴과 같은 영감이 떠오르지 않는다면 이미 알고 있는 지식을 활용하여 새로운 아이디어 콘셉트를 기획하고 단계별로 구체화할 수 있다. 실험실에서 인공 다이아몬드를 만드는 것처럼 비즈니스 목적에 부합하는 특허 아이디어를 가공하는 것이다. 인공 다이아몬드는 육안으로 천연 다이아몬드와 구별이 어려울 정도로 투명하고 저렴하여 시장을 놀라게 하는 혁신기술로 주목받고 있다.

2021년 한 해에 한국에 등록된 특허만 약 15만 건에 달하고 전 세계적으로는 150만 건 이상의 수많은 아이디어가 특허로 탄생하고 있다. 특허를 획득하는 것이 시장에서의 성공을 담보하는 보증수표일까?

국가는 새로운 기술과 아이디어를 개발한 발명자에게 특허라는 인센티브를 제공한다. 그리고 기술을 세상에 알려 누구든지 활용할 수 있도록 제도를 운영하고 있다. 특허는 기술을 공유하는 대가로 제공하는 인센티브이기 때문에 특허 심사는 아이디어를 '기술'의 관점에서 바라볼 뿐이라는 점을 명심해야 한다. 내 아이디어가 심사를 통과하여 특허를 획득한 사실은 시장에서 성공까지 담보하지는 않는다.

특허 등록이 가능한 아이디어, 특허 등록이 잘 되는 아이디어가 좋은 아이디어라고 볼 수 있다. 하지만 어딘가 부족한 느낌이 든다. 특허 획득과 시장의 성공은 양의 상관관계를 가지지만은 않는다. 세계 최초로 개발한 연구 결과물을 특허로 출원하고, 수년의 기다림 끝에 특허증을 획득한 초기 창업자들이 추가적으로 특허를 내기 주저하는 이유이다.

따라서 좋은 특허의 재료가 되는 아이디어는 사업의 관점에서 접근해야 한다. 특허의 관점에서는 아이디어가 기술적 차별성이 있는지 여부만 판단하기 때문에, 실제 고객의 필요에 부합하지 않는 경우가 빈번하고, 사업 수익성이 떨어지는 경우도 자주 발생하게 된다. 이 간극을 줄일 수 있는 아이디어가 좋은 아이디어이다.

예를 들어 이글루의 형상을 신속하게 만들 수 있는 급속 냉각장치를 새롭게 개발하여 발명하였다고 하더라도 남극과 북극이 아닌 대부분의 국가에서는 이러한 발명을 활용할 가능성이 적다. 특허받은 기술이라도 사업화까지 진행하여 수익을 얻기는 어렵다.

그렇기 때문에 좋은 아이디어를 발굴하는 것은 시장과 비즈니스를 관찰하는 것에서 시작되어야 한다. 단순히 특허 등록이 가능한 아이디어를 발굴하는 것으로 끝나는 것이 아니라, 비즈니스에 활용될 수 있도록 소비자들의 불편함과 니즈를 발견하고, 그 원인이 되는 기술적 문제점에 집중함으로써 새로운 아이디어를 만들어 내는 것이 요구된다. 시장의 요구가 좋은 아이디어로 이어진다.

창업자는 이글루 형상에 집중하는 것이 아니라 '급속 냉각 기술'을 응용하여 얼음 정수기에 활용할 수 있다. 이외에도 냉동식품의 유통 과정이나 철강제품의 냉각 공정에 응용하는 것으로 기술적 포인트를 다양하게 접근함으로써 시장과 비즈니스에 특화된 아이디어를 만들어 낼수 있다.

실제 시장에서 팔리는 제품과 서비스를 보호하면서도 미래의 비즈니스에도 도움이 되는 아이디어가 '좋은 아이디어'이고, 좋은 아이디어가 특허의 원재료가 되어야 한다. 모든 아이디어가 사업에 활용될 수 있는 것은 아니기 때문에, 우리는 '비즈니스'의 시각에서 아이디어를 바라보고, 고민하고, 원석을 찾기 힘들다면 스스로 만들어 나갈 필요가 있다.

아이디어 탄생의 첫 번째 단계: '소비자의 니즈'를 파악하기

아마존 창업자 제프 베조스는 직원들에게 고객이 원하는 것을 파악하여 새로운 통찰과 서비스를 만들 것을 주문한다. '고객에서 시작하고, 나머지는 그다음이다.'라는 경영 철학은 아마존의 최우선의 가치이며 아마존의 '고객 제일주의' 경영 원칙은 특허 경영에도 적용된다.

비즈니스와 특허 아이디어는 같은 출발선에서 시작하고 함께 달려가는 동반자이다. 아이디어 탄생은 소비자의 니즈(Needs)를 파악하는 것에서부터 시작된다. 그리고 소비자의 니즈를 반영한 아이디어를 지속적으로 가다듬어 최종 제품과 서비스를 탄생시키고, 이를 특허로 보호하여 비즈니스-특허 선순환 고리를 만들 수 있다.

고객의 니즈는 어떤 고객을 만나고 있는지에서 시작된다. B2C 비즈니스(Business to Customer)를 운영하는 기업은 일반 소비자들의 니즈를 파악하여야 하고, B2B 비즈니스(Business to Business)를 운영하는 기업은 기업들의 니즈를 파악하여야 한다. 비즈니스 특성에 따라 고객과 산업의 특성이 달라지게 되므로 맞춤형 특허 아이디어 창출이 요구된다. 특허-커스터마이징 작업의 기초이다.

일반 소비자가 주요 고객인 B2C 비즈니스에서는 마케팅적 요소와 기술적 요소를 종합하여 다양한 각도에서 소비자의 니즈를 진단할 수 있다. 소비자들이 좋은 성능의 제품을 원하는지, 품질이 비슷하다면 가격이 저렴한 제품을 원하는지, 자신의 시간을 절약해주는 제품을 원하는지, 세상에 없던 새로운 제품을 원하는지, 여러 제품의 기능을 통합한 제품을 원하는지 등의 시장의 요구를 적극적으로 고려하여 아이디어 창출 과정에 반영할 수 있다. '고객 제일주의'를 표방하는 세계 최대 유통업체 아마존의 경영 원칙과 같이 고객 경험을 소비자의 니즈 파악에 활용하고, 이를 특허 아이디어로 가다듬는 것이다.

> **"고객에서부터 시작하고, 나머지는 그다음이다."**
> – 아마존의 경영 원칙 –

기업이 주요 고객인 B2B 비즈니스에서는 고객기업과의 관계와 산업군이 중요한 요소로 작용한다. 크고 작은 기업들은 하나의 사슬로 연결되어 생태계를 형성하고 있기 때문에 고객의 니즈는 연관된 기업들과도 연결된다. 상호 의존적인 비즈니스 생태계를 이해하는 것이 핵심이다.

수년 내에 내연기관차를 대체할 전기차 시장은 완성차 판매 업체인 테슬라, 폭스바겐, BMW 등을 주축으로 배터리 업체와 원재료 업체가 하나의 사슬로 연결되어 있다. 전기차의 핵심 부품인 2차 전지는 LG화학, 삼성SDI 등이 배터리를 제조하여 완성차 업체에 판매하고, 양극재·음극재·전해질 등의 배터리 부품과 소재를 제조하는 다양한 중소기업들이 배터리 제조사에게 납품하는 일련의 네트워크를 형성하고 있다. 배터리 제조사의 니즈를 파악하기 위해서는 완성차 업체와 부품·소재 공급사의 수요를 함께 이해해야 한다.

이처럼 산업의 밸류체인(Value Chain)을 분석하는 것이 고객의 니즈 파악의 시작점이다. 기업이 가치(Value)를 창출하기 위한 활동들을 사슬(Chain)처럼 연결시켜 산업의 특성을 파악함으로써 고객 맞춤형 기술·특허 전략을 수립할 수 있다.

전통적인 제조업에서는 원자재의 투입, 제품의 생산, 유통, 판매까지 이르는 과정이 밸류체인으로 불린다. 다변화하는 최근의 산업 트렌드를 반영하면 시장분석과 연구개발 가치사슬의 시작점으로 확장할 수 있고, 원자재 구매와 제품생산, 품질관리, 마케팅, 유통, 판매, 사후관리(A/S), 재판매까지 조금 더 세분화된 형태로 비즈니스 네트워크를 바라볼 수 있다.

'시장분석, 연구개발(R&D) → 원자재 구매, 제품생산, 품질관리 → 마케팅 → 유통, 판매 → 사후관리(A/S) → 재판매'로 형성되는 가치사슬에서 기업의 관심사에 따라 제품의 생산 과정과 투입요소를 하나씩 분해하거나, 연결하여 시장에서 자사와 경쟁사들의 장단점을 입체적으로 파악할 수 있다. 밸류체인 분석을 통한 고객군의 니즈 파악은 연구개발 정책 수립의 밑그림이 되기도 한다.

실리콘 밸리 기업가 에릭 리스가 정립한 〈린 스타트업〉 이론의 핵심은 소비자의 피드백을 확인하면서 비즈니스 모델의 가설을 검증하고 수정하는 것이다. 초기에 제안한 제품이나 서비스의 프로토타입(Prototype)을 수정하고, 타깃 고객의 니즈를 반영하는 제품과 서비스를 완성시켜 나갈 수 있다.

아이디어 탄생의 출발점은 '시장의 플레이어는 누구인가?', '고객의 니즈는 무엇일까?', '이렇게 바꾸면 좋지 않을까?'라는 질문을 던져보는 것이다. 아직 해결되지 않은 소비자의 불편함을 발견하거나, 제조비용과 시간을 절감시킬 수 있는 대안을 고민하며 기존의 기술과 아이디어를 바꿔보는 것을 제안한다.

아이디어 탄생의 두 번째 단계: 소비자의 니즈와 관련된 '기술적 문제점'을 발견하기

사업 아이디어와 특허 아이디어는 친형제이지만 서로 다른 관점으로 접근하여야 한다. 특허는 기술이나 기술을 활용한 아이디어를 보호하기 위한 수단이므로 특허를 받기 위한 아이디어는 마케팅 아이디어, 영업 아이디어와 같은 순수한 사업 아이디어와는 성격이 다르다.

특허 아이디어를 찾는 과정은 소비자의 니즈를 찾는 과정과 해당 문제를 기술적인 관점에서 정의하는 과정으로 나뉜다. 소비자의 니즈가 있는 지점을 탐색한 이후에 기술적 문제를 정의할 수 있다. 기술적 문제점을 발견하는 과정은 탐색한 소비자의 니즈를 다른 언어로 해설하는 과정이기도 하다.

최근 주목받는 프롭테크(Proptech)는 수십, 수백 년간 이어져오던 부동산(Property) 비즈니스에 기술(Technology)을 결합하여 탄생한 핀테크 기술이다. '마음에 드는 부동산을 찾기 위해 발품을 파는 것이 힘들다', '직거래를 하려고 하는데 상대방을 신뢰할 수 없다'는 소비자의 불편함을 찾고 기술적인 문제점을 정의할 수 있다. 중개 서비스를 온라인에서 제공하는 과정에서 예상하지 못한 문제점이 발생한다. 직접 현장에 방문하지 않고 매물의 사진을 찍어 올리는 과정에서 사진이 왜곡되거나 하자가 누락되는 기술적 문제가 발생할 수 있다. 소비자의 니즈와 관련된 기술적 문제점이 특허 아이디어의 원천이다. 온라인 플랫폼에서 발생하는 시스템 오류나 한계를 해결하는 솔루션도 특허가 되는 기술적 문제이다.

국내의 대표적인 프롭테크 스타트업 직방은 부동산 매물 관리 방법을 모바일로 구현하여 '부동산 중개 시스템 및 그를 이용한 중개 방법'이라는 명칭으로 특허를 받았다. 기존 산업에 존재하는 비즈니스 모델을 변형한 것이지만, 소비자의 니즈를 온라인 플랫폼에서 기술적으로 해결하는 솔루션을 제안하여 특허를 획득했다.

소비자의 니즈를 반영한 아이디어를 떠올렸더라도 이미 비슷한 기술을 활용하는 기업들이 있다면 해당 아이디어를 사업적으로 활용할 수는 있지만 특허를 받을 수는 없다. 아이디어가 특허로 이어지기 위해서는 이미 세상에 알려진 기술들과 차이점이 있어야 한다. 새로운 기술이 특허를 받을 수 있기 때문에 아이디어를 기술적인 관점에서 세상에 존재하는 기술과 차별화하여야 한다. 기술적 문제를 정의하고 해결 방안을 고민하는 과정에서 특허 아이디어가 구체화된다.

'페이크 삭스'는 소비자의 불편함을 해결하는 과정에서 탄생한 아이디어이다. 시장의 변화는 소비자의 욕구를 반영하고, 그 지점에서 기술과 특허가 만난다. 발목이 긴 양말이 대세였지만 패션 트렌트의 변화에 따라 양말의 발목 길이가 점차적으로 짧아졌다. '페이크 삭스'는 더 나아가 양말의 발목 부분을 제거하여 신발을 신더라도 발목이 양말에 가려지지 않도록 한 제품으로 큰 인기를 얻었다.

하지만 1세대 페이크 삭스는 발목 길이가 짧아지면서 양말이 자주 벗겨졌는데, 초기에는 이러한 문제점을 다소 불편하지만 감수할 정도로 치부했다. 소비자들은 패션을 위해서는 '페이크 삭스'의 단점을 참고 사용하고 있었다. 신제품 출시를 기획하는 노련한 기획자는 양말에서 발목 부분이 사라지면서 지지력과 고정력이 부족해진 종래 기술의 문제점을 포착할 수 있다. 소비자의 니즈와 관련된 기술적 문제점을 발견한 것이다.

기존 제품의 단점을 해결하는 제품에 소비자들은 얼마든지 비용을 지불할 준비가 되어 있다. 합리적 비용이라면 말이다. 기술적 문제를 해결하기 위한 영역과 사업의 수익성을 확보할 수 있는 영역이 만나는 스트라이크 존을 포착하는 4할 타자와 같은 '특허 선구안'이 필요하다. 이제 시장과 고객이 반응하는 아이디어를 특허의 재료를 확보하고, 아이디어를 가다듬어 특허로 만들기 위한 사전 준비가 끝났다.

아이디어 탄생의 세 번째 단계: 소비자의 니즈를 만족하는 '기술적 해결방안'을 고민하기

사업 아이템은 소비자의 니즈를 만족시키는 과정에서 탄생한다. 그리고 소비자의 불편함을 해결하는 아이디어가 기술과 만나는 지점이 특허와 비즈니스가 만나는 지점이다. 특허가 사업을 보호하기 위한 필요조건에 해당하는 순간이다. 기존의 제품이 가지는 기술적 문제를 해결하기 위해서는 널리 알려진 발명의 기법을 활용할 수 있다. 새롭고 창의적인 해결방안이 시장을 풍요롭게 한다.

'발명의 기법'으로 서로 다른 종류의 물건들을 조합시키는 방법(예: 지우개를 결합한 연필), 자연의 모습을 모방하는 방법(예: 도꼬마리 열매에서 차용한 벨크로), 물건의 용도를 바꾸는 방법(예: 접착제의 용도를 바꾼 포스트잇), 서로 다른 기술분야의 원리를 차용하는 방법 등의 다양한 기법이 활용될 수 있다.

발명의 기법을 적용하면 '페이크 삭스'에 다른 종류의 물건인 고무밴드를 적용할 수 있다. 발목 부분에 고무밴드를 넣어 고무줄의 탄성력을 활용하여 양말이 잘 벗겨진다는 단점을 해결할 수 있다. 고무밴드의 가격과 새롭게 추가된 공정비용을 고려하여 시장성 테스트를 통과하면 최종 사업 아이템으로 탄생한다.

문제를 해결하는 또 다른 방법은 뒤꿈치 부분에 실리콘 재질의 패드를 부착하여 마찰력을 향상하는 것이다. 거친 재질의 원단을 사용하거나 발목 부분과 발등 부분의 높이를 다르게 변형하는 등의 다양한 방법으로 양말이 벗겨지는 기술적 단점을 해결하기 위한 아이디어를 도출할 수 있다.

페이스 삭스의 기술적 문제점은 양말의 발목 부분의 지지력과 고정력이 부족하다는 것이다. 이러한 문제점은 지지력과 고정력을 제공하는 방법을 고민하면서 해결할 수 있다. 기술적 문제점을 탐색하는 이유는 과녁을 조준하기 위함이다. 고무줄의 탄성력을 이용한다든지, 실리콘 패드나 원단의 마찰력을 이용한다든지, 양말의 형태를 변형하여 지지력을 제공하는 등으로 다양한 해결 방안을 고민할 수 있다. 발명에도 테크닉이 필요하다.

아쉽게도 2세대 페이크 삭스를 최초로 발명한 사람은 시장의 반응을 예측하지 못했던 것일까? 소비자의 니즈를 반영하는 기술적 문제점을 해결하고도 특허를 확보하는 노력을 하지 않아 시장을 지키지 못했다. 시장은 새로운 아이디어에 열성적으로 반응하였지만 현재 다양한 변형

제품이 판매 중이다. 기술 개발의 대가로 독점권을 획득하지 못하면 만인의 재산이 되어버린다. 고심하여 개발한 제품과 서비스는 특허라는 마무리 투수를 만나 경기를 끝내야 한다.

앞서 설명한 직방의 특허는 어떻게 특허 아이디어로 재탄생했을까? 부동산 중개 사업은 고려시대부터 계속된 유서 깊은 비즈니스인데 말이다. 오프라인 중개를 온라인 중개로 바꾼 것만으로 특허 아이디어로 탄생하기는 어렵다. 그렇기에 직방은 '온라인에서 중개업자와 고객을 매칭하여 부동산을 중개하는 방법'에 대해서는 기존 산업의 비즈니스 모델이라는 점을 선제적으로 인정하였다. 그리고 '일정 기간 동안 중개업자가 매칭되지 않을 경우에는 직거래로 자동 전환하는 기술'을 하나의 특허 포인트로 강조하였다. 소비자가 직거래와 중개거래를 자유롭게 전환할 수 있도록 기술적 문제점을 해결하였다. 비즈니스의 다양한 속성에서 특허 아이디어를 찾아낸 것이다.

직방의 사례는 오프라인에서 중개업자를 통한 부동산 거래와 직거래를 연계하여 소비자의 편의성을 개선하고, 하나의 플랫폼으로 거래 시스템을 자동화할 수 있는 프롭테크 기술의 특장점을 소비자의 니즈와 연계시킨 사례로 평가할 수 있다.

재료가 준비되었다면 최적의 조리 방법을 선택하여야 한다

잘 익은 김치를 준비하였다면 김치찌개를 할 것인지, 김치볶음밥을 할 것인지, 김치전을 할 것인지 요리의 종류와 목적을 분명하게 정해야 한다. 김치찌개에 돼지고기나 참치를 더 넣을지, 물을 얼마나 넣을지는 그다음에 결정해도 충분하다.

값비싼 재료를 준비하고도 불 조절을 잘못하여 요리를 태워버리거나, 레시피와 다른 재료를 넣어 요리에 실패하는 경험을 해본 적이 있을 것이다. 레시피의 순서와 조리법을 지켜가며 요리하거나, 재료를 들고 전문가인 셰프를 찾아가는 것도 하나의 방법이다. 재료를 잘 활용하여 요리를 완성할 수 있는 방법을 고민해서 선택해야 한다.

비즈니스에 활용할 수 있는 좋은 아이디어를 긴 시간과 노력을 들여 확보하였다면 이를 활용할 수 있는 최적의 특허 전략을 수립하여야 한다. 투자자에게 매력적인 특허로 보이기 위한 전략, 시장에서 살아남기 위한 특허 전략, 높은 가치를 인정받기 위한 전략은 모두 다른 조리 방법이 필요하다.

특허를 획득하는 목적에 따라 전략의 방향과 예산이 크게 달라진다. 모두가 원하는 팔방미인 특허는 비싸고 쉽게 얻어지지 않는다. 기업의 상황을 고려하여 목적을 먼저 선정하여 자신을 위한 맞는 옷을 찾아야 한다. 그 첫 번째 단추는 특허의 여러 모습을 이해하는 것이다.

특허의 모습은 다양하다. 특허를 경쟁자를 제압하는 공격수로서 면모가 있고, 후발주자의 시장 진입을 저지하는 수비수의 모습이 있다. 전통적인 관점에서 사업을 보호하기 위한 창과 방패의 관점으로 보는 것이다.

특허는 아이디어의 모티브(Motive)를 유지한 채 제품을 모방하려는 다양한 시도를 막을 수 있는 힘을 가지고 있다. 후발 주자가 '페이크 삭스'의 발목 부분에 사용되는 고무밴드의 물성을 다르게 하거나, 고무밴드를 감싸는 천을 다르게 마감하거나, 뒤꿈치 부분의 실리콘 패드의 형상과 배치를 다르게 하는 등의 모방 시도를 하더라도 국가가 허용한 독점권을 활용하면 된다.

하지만 수개월에서 수년 간 고민하여 사업 아이템으로 만들어낸 아이디어는 특허를 획득하는 과정에서 필연적으로 경쟁사의 모방에 노출된다. 경쟁사의 제품을 분해하는 것은 기본이고, 아직 판매되지 않는 제품의 기술도 공개된 특허문헌을 통해 확인할 수 있다.

최근에는 특허의 숨겨진 모습이 알려지기 시작하고 있다. 투자 유치나 고객 홍보를 위한 마케팅 용도로 활용되거나, 무형자산의 가치평가를 통해 자금 조달을 위한 용도로 활용하는 것이다. 이외에도 특허를 활용하는 레시피는 무궁무진하다.

특허를 활용한 법적 분쟁까지 준비하고 있다면 강한 특허를 획득하면서 정량적인 특허 풀(Patent Pool)을 확보하는 전략을 취하여야 한다. 기술력이 중심이 되어 국내외 사업 확장 가능성이 높고, 대기업과의 경쟁이 예상되는 스타트업의 입장이 취해야 하는 전략이다.

예비창업자나 초기 스타트업의 입장에서는 기업의 성장 과정에서 인력과 예산의 부족으로 대기업이나 이미 벤처캐피털의 투자를 받아 현금흐름이 원활한 스타트업들과는 다른 특허전략을 수립하여야 한다. 현재의 사업 위주로, 적은 특허로 다양한 목적을 달성할 수 있도록 빠른 등록특허 확보를 시도하는 맞춤형 특허 스타일링도 하나의 방법이다.

특허권자는 다각적인 특허 포트폴리오 설계를 통해 후발 주자의 모방을 저지할 수 있다. 특허권은 국가에서 발명을 공개하는 대가로 발명자에게 제공하는 인센티브이자 독점적인 권리이다. 단순한 경고가 아니라 법적인 힘을 가진다.

새로운 제품을 빠르게 쫓아가는 '패스트팔로워(Fast Follower) 전략'은 수많은 기업들이 사용하고 있으며, 내 아이디어를 일부만 공개할지 또는 기업 노하우로 간직할지 경영자의 전략적인 의사결정도 요구된다. 기업의 밸류체인에 따라 특허문서의 작성 방향이 달라진다. 현재 매출을 발생시키는 시장과 향후 사업을 확장시킬 수 있는 시장까지 의사결정의 범위에 포함된다. 비즈니스 의사결정이 끝났다면 이제 본격적으로 특허를 만날 준비가 되었다.

02 특허는 글쓰기다 _____

특허문서는 내 발명을 설명하는 글이다

세상의 특허는 글쓰기를 통해 완성된다. 발명자의 머릿속에 존재하는 특허 아이디어를 정제된 언어로 표현한 것이 특허문서이다. 업계에서는 '특허 명세서'라고 부른다. 일반적인 소설이나 시와 달리 특허문서의 작성 대상과 의도는 명확하다. 눈에 보이지 않는 발명의 내용을 누구든지 이해할 수 있도록 글로 설명하는 것이다. 내 기술의 경계선은 언어를 통해 완성된다. 그렇기 때문에 특허문서는 정형화된 규칙과 언어의 불완전성을 동시에 지닌다.

특허문서는 자신만의 룰을 가지고 있다. 특허문서는 여러 목적을 동시에 달성하기 위해 항목을 구분하고 있다. 언어의 매개체를 활용하여 내 발명의 보호범위를 정하는 단락과 머릿속에 떠다니던 추상적인 아이디어를 글로 구체화하는 단락으로 나뉜다. 특허문서는 내 발명을 보호하는 언어와 내 발명을 자세하게 설명하는 언어를 가지는 복합적인 글이다.

내 아이디어를 정제된 언어로 작성하여 법적인 효력을 발생시키는 항목은 '청구범위'라고 부른다. 특허문서에서 가장 중요한 항목이다. 기술이 엑기스처럼 농축된 법률언어로 정제된다. 특허의 가치를 결정하고 경쟁사의 의도를 예측해야 하기 때문에 함축되고 정제된 표현이 요구된다. 청구항은 법률의 언어가 숨쉬는 공간이다.

내 아이디어가 세상에 존재하는 기술과 차이가 있다는 점을 자세하게 설명하는 항목은 '발명의 설명'이라고 부른다. 특허에 생명을 불어넣는 심장의 역할을 한다. 글로 설명하기 어려운 내용은 그림이나 사진으로 보완할 수 있다. 배경지식을 활용하여 특허 아이디어를 설명하거나, 아이디어가 활용될 수 있는 예시를 나열할 수 있다. 농축된 법률언어를 일상의 언어로 풀어서 설명하는 공간이다. 기술이 성숙하여 시장에서 사용되는 상황을 가정하는 상상력도 필요하다.

또한 특허문서는 빅데이터로 세상에 공유되어 널리 활용하기 위한 문서이므로, 쉽게 검색되고 이해될 수 있도록 '발명의 명칭'을 작성하고, 발명의 내용을 '요약'하여 기재하는 것이 강제되고 있다.

발명자의 상상력과 작가의 집필 능력이 만나 특허문서가 탄생한다. 특허문서가 어려운 이유는 눈에 보이지 않는 아이디어를 다루기 때문이고, 추상적인 아이디어를 글로 표현하기 때문이다. 발명자의 상상력 넘치는 아이디어를 포착하고, 비즈니스 현장에 적용하기 위한 집필과 퇴고를 거듭하며 특허문서가 탄생한다.

특허문서를 쓰는 사람은 누구인가?

특허문서는 누구든지 작성할 수 있다. 아이디어를 제안한 직원이나 연구원, 스타트업의 창업자 등 누구든지 발명의 내용을 이해하고 글을 쓸 수 있으면 충분하다. 하지만 특허문서는 기술을 설명하는 문서이자 법률을 다루는 문서이기 때문에 전 세계 대부분의 국가에서 특허문서는 전문가인 변리사가 작성하는 것이 관례이다.

특허문서는 기술을 다루는 연구논문이나, 법원에서 법률 논쟁의 기초가 되는 서면과는 다른 독특한 성격을 가지고 있다. 눈에 보이지 않는 아이디어와 기술을 다루기 때문에 발생하는 현상이다. 특허문서를 작성하기 위한 네 가지 요소는 기술, 법률, 비즈니스, 그리고 언어이다. 특허문서를 구성하는 관점을 조화롭게 이해하고 특허문서를 작성할 필요가 있다.

특허문서에 사용된 언어에 기초하여 내 발명의 내용이 결정된다. 같은 영화를 보고도 수많은 평론가가 서로 다른 해석을 하는 것처럼, 내 아이디어도 다양한 관점에서 이해되고 해석되어 서로 다른 언어로 표현될 수 있다. 그렇기 때문에 특허문서를 쓰는 변리사가 발명을 잘 이해하고, 어떤 방식으로 표현할지를 선택하는 것은 중요한 문제이다.

특허는 기술과 관련된 아이디어를 보호하기 위해 존재한다. 특허문서를 작성하기 위해서는 기술을 잘 이해해야 한다. 기술 분야에 대한 경험이나 노하우가 특허문서에 반영될 가능성이 높다. 하지만 아이디어를 처음 제안하고 연구한 발명자가 해당 발명의 내용을 가장 잘 알고 있기 때문에, 업계의 기술 동향이나 상세 기술 특징을 변리사에 잘 설명해주는 것이 좋은 특허를 만드는 기초 작업이다.

특허는 기술을 설명하기 위한 문서이기도 하지만 법적 분쟁이 시작되면 가장 먼저 찾게 되는 법률 문서이다. 특허법은 특허권자에서 발명을 독점할 수 있는 독점권을 제공하고 있는데, 이러한 권리의 근거는 특허문서에 있다. 청구항에 기재된 법률 언어를 해석하여 권리의 범위가 결정된다. 권리를 주장하는 자, 기술을 모방한 자 모두 특허문서를 살펴보게 된다.

그리고 특허문서의 대상이 되는 아이디어는 소비자의 니즈와 불편함을 해결하기 위한 기술을 다루고 있기 때문에 시장의 이해도 함께 수반되어야 한다. 특허문서를 작성하는 사람은 경영의 동반자로 함께 시장을 바라보고 고민해야 한다. 변리사는 자사와 경쟁사의 기술 동향을 파악하고, 시장분석을 통한 산업 특성을 이해하며, 특허의 대상이 되는 기술이 시장에 미치는 영향력을 고려할 수 있어야 한다. 특허가 기업의 가치에 영향을 미치고 자금 조달을 위해 활용될 수 있다는 점을 고려하여 특허문서의 가치를 증진시키는 능력이 필요하다. 특허의 입체적인 모습은 경영자의 의사결정에 반영된다. 기업의 인수합병(M&A)이나 기업공개(IPO) 과정에서 비즈니스에 영향을 미칠 수 있는 특허는 경영전략에서 제 역할을 한다.

따라서 특허문서를 작성하는 당사자는 특허의 기술적 속성, 법률적 속성, 시장 속성을 종합적으로 이해하고 특허문서를 작성해야 하는 작가이어야 한다.

특허 준비의 첫 번째 단계: 발명의 '핵심'을 추출하기

특허를 준비하는 첫 단추는 발명의 핵심을 추출하는 것이다. 글을 쓰기 전에 주제를 고민하고 콘텐츠를 선정하는 것처럼 특허문서를 작성하기 위해서도 어떤 내용을 작성할지 정리하는 단계를 거쳐야 한다.

커피를 마시기 위해 원두를 볶고 에스프레소를 추출하는 기술이 필요한 것과 같다. 발명의 내용을 정리해서 핵심을 찾아야 한다. 아이디어와 기술은 무형적인 성격을 가지고 있기 때문에 발명의 핵심이 되는 내용을 추출하는 과정은 아이디어를 처음 구상하는 것과는 또 다른 창작의 능력이 필요하다.

발명자 스스로 이러한 발명의 핵심을 추출하고 보호 범위를 가다듬는 작업을 할 수 있지만 숙련된 전문가의 도움이 필요하다. 바리스타의 능력에 따라 추출되는 에스프레소의 맛과 향이 결정되는 것처럼 발명의 핵심 추출 과정은 상당한 테크닉이 필요한 작업이다. 같은 원두를 핸드드립으로 추출할지, 에스프레소 머신으로 추출할지에 따라 향과 맛이 달라진다. 원두의 굵기나 온도에 따라서도 추출되는 커피의 특징이 달라지게 된다.

특허법은 자신이 개발한 독창적인 영역에 대해서만 권리를 인정해주고 있다. 그렇기 때문에 자신이 개발한 기술의 핵심적이고 독창적인 부분이 무엇인지를 고민하고, 실제 사업에서 사용되는 특징을 위주로 선별하는 과정을 거쳐야 한다.

어느 회사가 가볍고도 편안한 기능성 소재를 개발하여 자전거 안장을 판매하는 사업화를 준비한다고 가정해 보자. 연구원이 새로 개발한

'자전거 안장'의 장점을 설명하기 위해서는 자전거의 구조나 원리를 함께 설명할 수밖에 없다. 연구원은 자전거는 프레임, 바퀴, 핸들, 체인, 페달, 브레이크, 안장 등 다양한 구성들로 이루어져 있다는 점을 설명할 것이다. 운행 중에 왜 진동이 발생하는지, 신소재를 사용하면 얼마나 좋은 성능을 발휘하게 되는지 작동 원리도 함께 이야기한다. 연구의 배경이 된 자전거 시장이 급성장 중이라는 말도 곁들인다. 그러다가 '자전거 프레임의 상부에는 우리가 개발한 신소재가 적용된 자전거 안장이 부착되어 있다'는 핵심은 짧게 말하고 넘어가기도 한다.

기술은 파편으로 떠다니는 추상적인 개념이기 때문에 기술의 실체를 파악하기는 어렵다. 안갯속에서 본질을 찾아 나아가야 한다. 자전거를 설명하는 과정에서 바퀴나 핸들을 설명하는 과정에서 정작 중요한 '자전거 안장'이라는 발명의 핵심을 놓치는 경우가 자주 발생한다. '자전거 안장'이라는 목적지를 찾기 위한 탐색의 과정을 거치고 발명의 핵심을 추출하는 과정을 거쳐야 한다. 발명의 핵심은 로스팅부터 추출까지 관심을 가지는 특허-바리스타의 세심한 손길을 기다린다.

대다수는 주제와 무관한 내용을 설명하다가 발명의 핵심을 놓치는 경우가 많다. 브레이크를 밟는 방법을 설명하다가 발명의 핵심인 '자전거 안장'의 장점을 부각하지 못하는 경우도 발생하게 된다. 새로 개발한 자전거 안장이 얼마나 충격을 잘 흡수하는지 설명하면 충분한 상황에서 이전에 개발했던 자전거 안장을 설명하기도 한다. 자전거 안장을 개발하는 회사라면 자전거 프레임에 대한 설명은 잠시 접어두는 인내심이 필요하다. 발명의 핵심은 회사가 속한 비즈니스 상황을 고려하여 정해진다.

발명의 핵심

자전거의 구조나 동작 원리는 자전거에 어떻게 충격이 발생하는지 설명할 수 있는 것이면 충분하다. 실무에서 이러한 의사소통 불균형은 자주 발생한다. 연구자의 관점이 특허 포인트와 완벽하게 일치하지 않기 때문에 발생하는 문제이다. 숙련된 변리사는 이러한 간극을 적절한 질의 응답과 리서치를 통해서 보완하게 된다. 숙련된 바리스타와 같은 테크닉으로 발명의 특징이 바퀴에 있는지, 페달에 있는지, 안장에 있는지 숙고하고, 핵심을 추출하는 과정이 특허 준비의 첫 단계이다.

이렇게 추출된 핵심 특징은 커피의 베이스가 되는 고농축 에스프레소이다. 이제 '자전거 안장'에 가벼운 소재를 채택하더라도 프레임에 어떻게 결합되어 안정성을 높이는지, 안장에 사용된 신소재는 기존의 소재와는 어떠한 차이점이 있는지, 경쟁사와 비교할 때 차별화되는 장점을 강조하기만 하면 커피는 완성된다.

특허를 획득하는 과정

특허 준비의 두 번째 단계: 특허 '권리범위' 설계하기

우리가 물건을 설명하는 방법은 다양하다. 사진을 찍거나 동영상으로 실제 모습을 보여줄 수 있다. 물건을 가지고 옮기기 어려운 경우에는 내가 보면서 느낀 인상을 말로 설명할 수 있다. 몸짓으로 물건을 묘사할 수 있고 설명하기 어려운 내용은 글로 적어서 전달할 수 있다. 상황에 따라 다른 의사소통 방법이 활용된다.

특허는 실제 판매되는 제품과 달리 눈에 보이지 않는 무형의 기술을 다룬다. 내 기술과 아이디어를 세상에 공개하기 위한 객관적인 방법은 글로 작성하는 것이다. 특허문서를 통해 기술이 설명되면 객관적인 의사소통이 가능해진다. 특허문서가 언어를 이용하여 기술을 보호하는 방법이다.

눈에 보이지 않는 특허의 권리범위는 특허문서에 작성된 언어로 정해지므로 글에서 내 권리가 창조된다. 기술의 실체가 언어라는 매개체를 통해 특허문서에서 만나 특허의 권리범위가 정해진다. 특허문서는 크게 '청구범위'라는 항목과 '발명의 설명'이라는 항목으로 구분되어 있다. 그중에서 '청구범위'에 적힌 표현에 따라 권리의 내용과 범위가 정해진다.

'자전거 안장'의 구조를 분석해 보자. 철제 프레임 위에 스펀지와 같은 충격 흡수재가 올려져 있고 이를 커버로 감싸는 연결 구조를 순서대로 설명할 수 있다. 만약 발명의 핵심이 스펀지라면 발명을 바라보는 카메라를 클로즈업하여 스펀지를 자세하게 표현할 수 있다. 스펀지를 만들기 위해서는 플라스틱 재료에 가스를 발생시키는 발포 공정이 활용된다.

만약 특허 청구범위에 "플라스틱에 공기를 주입하는 단계를 거쳐 생성된 자전거 안장"이라는 표현을 사용한 경우에는 "플라스틱"을 사용하지 않는 경우는 배제된다. 만약 상대방이 금이나 은을 안장에 사용하는 경우에는 특허의 권리범위에 속하지 않는다. 특허의 언어가 가지는 냉혹함이다.

또한 플라스틱에 "공기"를 주입하는 경우에만 특허권의 권리범위에 속하게 된다. 경쟁사가 "헬륨가스"와 같은 다른 기체를 주입하여 제품을 제조하는 경우에는 특허권자의 공격으로부터 피해갈 수 있다. 특허의 언어는 가능성을 열어 두도록 범용적인 표현이 사용되어야 한다.

특허문서에 적힌 표현과 조사까지 모두 일치해야 내 권리를 침해하게 된다. 언어를 분해하여 모든 문장과 표현을 세분화하고 기술과 언어를 비교한다. '구성요소 완비 원칙'이라고 불리는 특허 권리범위의 경계선은 특허문서의 청구항의 언어가 정한다. 특허를 준비하는 기업은 사업화 대상이 되는 제품과의 관련성을 높이기 위한 최적의 청구항을 설계하여야 한다.

실제 연구개발한 제품이 플라스틱에 공기를 주입하여 생성한 신물질에 관한 것이더라도 시장에서 경쟁자의 진입장벽을 형성하기 위해서는 "공기"라는 표현 대신에 조금 더 범용적인 표현인 "기체"라는 표현을 사용할 수 있다. 청구항을 작성하는 첫 번째 목적은 출시 예정 제품과 서비스를 보호하는 것이다. 향후 경쟁사의 회피 가능성도 염두에 두어 청구항의 표현을 포괄적으로 작성함으로써 특허의 가치를 높일 수 있다.

권리범위의 처음과 끝은 청구항에 적힌 문언이다. 위 단계를 거쳐 발명의 핵심을 추출하고, 최적의 권리범위로 특허문서를 작성하였다면 발명의 내용을 다양한 관점으로 정리하는 탈고 과정으로 특허 준비를 마무리할 수 있다.

특허 준비의 세 번째 단계: 발명의 내용을 다양한 관점으로 설명

하나의 기술은 바라보는 관점에 따라 수많은 관점으로 다르게 설명될 수 있다. 기술이 가지는 추상적 측면 때문에 특허문서를 작성할 때에도 비즈니스 측면을 반드시 고려하여 문서가 작성되어야 할 필요가 있다.

사진가는 피사체를 어떻게 바라보고 촬영할지에 대해 주변 상황과 촬영 의도에 따라 촬영기법을 변경한다. 로우앵글(Low Angle)을 사용하기도 하고 하이앵글(High Angle) 등의 다양한 기법을 자유자재로 변경한다.

로우앵글을 사용하여 인물을 아래에서 위로 바라보게 되므로 인물을 웅장하고 거대하게 표현할 수 있다. 하이앵글을 사용하면 인물을 위에서 아래로 바라보게 되어 속도감이나 운동감을 적게 표현할 수 있게 된다. 만약 인물의 표정을 생생하게 표현하게 나타내고 싶다면 클로즈업(Close Up) 기법을 사용하여 인물의 얼굴이나 눈동자 등의 촬영하고자 하는 부위를 집중적으로 나타낼 수 있다.

위와 마찬가지로 특허문서의 작성자는 기술을 특허로서 표현하기 위해서 기술의 어느 부분을 클로즈업할 것인지, 기술의 어느 특징이 비즈니스에 영향을 미치는지를 고민하여 선택하여야 한다. 자신이 개발한 기술이 비즈니스와 부합하는 장면을 포착함으로써 비즈니스 요소를 강조할 수 있게 된다.

하나의 스마트폰에는 수많은 기술이 포함되어 있다. 화면의 터치 기능을 강조하거나, 카메라 성능을 강조하거나, 튼튼한 내구성이나 디자인을 강조하는 등 다양한 관점에서 기술을 설명할 수 있다. 이번에 새로 출시한 제품의 가장 큰 특징이 카메라 성능이라면, 특허문서에 카메라의 구조와 기능을 자세하게 설명하면서 특허문서를 작성하는 것이 바람직하다. 많은 기업들은 개발한 수백 개의 기술 중에서 중요한 기술을 우선적으로 특허로 획득하고 있다.

경쟁사가 모방할 수 없는 핵심기술이 밀리터리 스탠더드를 기준을 통과할 정도의 방수 기능과 충격 완화 기능이라면 튼튼한 내구성을 유지하는 제품의 구조를 특징으로 포착하여 특허를 받을 수 있다.

기업의 비즈니스 상황과 밸류체인을 고려하여 특허 권리의 줌 인(Zoom In)과 줌 아웃(Zoom Out)을 자유자재로 조절할 수 있다. 하나의 스마트폰을 개발하였더라도 스마트폰 전체를 특허 대상을 보호대상으로 청구하거나 개별 부품을 보호대상으로 청구하는 방식으로 보호대상의 광협을 조절할 수 있다.

스마트폰 전체를 청구하여 완제품의 매출액을 기준으로 라이선스 계약의 로열티를 높게 산정하고, 침해 입증의 대상을 경쟁사로 특정할 수 있는 장점이 있다. 만약 개별 부품을 보호대상으로 청구하는 경우에는 상대방이 개별 부품을 제조하거나 판매하였는지 확인하면 되므로 추후 분쟁 과정에서 침해 입증이 조금 더 유리한 고지에 설 수 있다.

특허 바리스타는 추출된 발명의 핵심을 제품과 서비스를 시장에서 보호할 수 있을 정도로 가공한다. 그리고 추출된 에스프레소는 아메리카노나 카푸치노가 될 수 있는 것처럼 특허문서에 제품과 서비스의 다양한 모습을 반영함으로써 비즈니스를 위한 특허문서의 탈고를 마친다.

03 협상의 줄다리기

특허심사는 당사자와 심사관의 협상 과정

세상의 모든 일에 협상이 수반된다. 인수합병, 법률 계약, 외교, 직장의 이직에서 협상은 필수이다. 특허심사 과정에서도 협상이 이루어진다. 특허심사에서 '심사'라는 단어가 주는 일방적인 어감과 달리 특허심사 절차는 당사자와 심사관이 발명에 대해 의견을 교환하며 진행되는 협상의 과정이다.

특허심사는 당사자가 특허청에 서류를 제출하면서 시작된다. 특허문서에 대해 심사를 요청함으로써 협상의 시작을 알린다. '출원인'이라고 불리는 특허심사 당사자는 자신이 개발한 기술을 글로 정리하고, 특허문서를 통해 기술의 독창성을 설명한다. 자신의 발명이 세상에서 유일무이하다고 주장하지만 특허심사 과정에서 해외에서 비슷한 제품이 발견될 수 있다.

출원인과 심사관은 자신들의 논리를 제시하며 협상의 줄다리기를 이어나간다. 협상에 수개월이 걸리기도 한다. 말과 글로 자신의 발명의 특징과 장점을 설명하기 힘들면 직접 찾아가 연구 성과를 설명하기도 한다. 협상의 기술을 활용하여 특허심사를 유리하게 이끌어 나가는 노련한 양보 전략이 필요하다.

미국의 전 대통령 도널드 트럼프는 〈거래의 기술〉을 통해 치밀한 협상가로서 면모를 드러냈다. 세간의 평가는 갈리지만 비즈니스 협상 테이블에서 그를 대적할 수 있는 사람은 손에 꼽는다. 협상의 본질을 이해하는 작은 차이가 특허심사의 성패를 가른다.

> "특허심사의 본질은 심사관과 출원인의 의견 교환을 통하여
> 이루지는 것이다."
>
> – 대법원 2013후37 판결 –

협상의 첫 번째 단계: 심사관의 의견제출 통지

심사관은 출원인이 제출한 특허문서를 읽고, 발명의 내용을 이해하며, 세상에 비슷한 기술이 없는지, 보완할 부분은 없는지 등을 검토한다. 특허문서에서 설명하는 발명이 특허법이 요구하는 기준을 만족하는지 냉정하고 공정한 시선으로 바라본다.

심사관은 발명자가 설명한 발명과 비슷한 기술이 세상에 존재하는지 전 세계의 기술문헌을 살펴본다. 그리고 특허문서에 작성된 내용에 오류가 없는지, 제시된 실험 데이터가 싱빙성이 있는지, 기술을 탈취한 것

이 아닌지 종합적으로 살펴본다. 특허문서를 기술적 관점, 법률적 관점, 언어적 관점으로 살핀다.

만약 심사관의 검토 과정에서 비슷한 기술이 발견되었거나 보완할 부분을 발견하였다면 당사자의 의견을 청취하는 절차를 통해 협상의 시작을 알린다. 심사관이 '이번에 나온 카메라는 렌즈의 종류만 바꾼 것이다.', '중국에 있는 스마트폰과 동일한 기술을 사용하였다.'는 등의 검토 의견을 출원인에게 전달한다.

심사관은 제3자의 입장에서 공정하고 객관적으로 심사를 진행하지만 인간의 판단은 불완전하기 때문에 특허제도는 다양한 안전장치를 두고 있다. 특허제도는 심사 과정에서 당사자의 의견을 청취하는 기회를 반드시 제공하도록 규정하고 있다. 당사자의 협상 능력에 따라 심사관의 결론은 언제든지 바뀔 수 있다.

"심사관은 출원인에게 의견서를 제출한 기회를 주어야 한다."

– 특허법 제63조 제1항 –

협상의 두 번째 단계: 당사자의 협상카드 준비

본래 언어와 인간의 사고는 불완전하다. 저자의 의도는 독자가 이해하는 작품과 차이가 있다. 특허문서를 작성한 출원인의 의도와 심사관의 해석은 필연적으로 차이가 발생한다. 그렇기 때문에 출원인이 생각하는 발명의 독창성과 심사관이 판단하는 발명의 독창성에는 간극이 존재한다. 발명을 바라보는 입장이나 애정의 차이도 반영된다.

특허를 받으려는 자의 시선과 특허를 주지 않으려는 자의 시선이 대립하고 그 사이에서 협상의 여지가 발생한다. 세상에 완벽한 판단은 없기 때문에 결국 특허심사는 타협으로 마무리된다. 협상에서 최선의 결과는 하나를 주고 하나를 받는 마무리이다.

양 당사자는 협상카드를 준비하기 위해서 상대방의 논리와 근거를 살펴본다. 심사관의 의견제출 통지서를 분석하는 과정에서 발견한 논리의 허점이나 약점은 좋은 협상카드가 된다.

심사관이 제시한 증거가 합리적이고 이론의 여지가 없을 정도 타당하다면 출원인은 자신의 특허의 권리범위를 양보할 수밖에 없다. 가장 강력했던 첫 번째 카드를 포기하고 두 번째 카드를 제시하는 것이다. 불필요한 싸움을 지속하여 시간과 비용을 낭비하는 것을 예방하는 최선의 선택이다.

심사관의 의견이 부당하다면 출원인은 자신의 발명과 심사관이 발견한 기술의 차이점을 적극적으로 설명하며 상대방을 압박하는 전략을 취할 수 있다. 심사관 판단의 모순점과 불합리를 발견하고, 제시된 의견이 설득력이 없음을 논증하여 결론을 반박하는 것이다. 협상의 결렬을 염두에 두고 배수진을 쳐서 원하는 결과를 얻어낼 수 있다.

'중국에 있는 스마트폰은 렌즈가 위아래로 움직이는 카메라인데, 우리 기술은 렌즈가 좌우로 움직이는 카메라이다.'라는 식으로 이미 파악해둔 발명의 핵심을 협상 과정에 활용할 수 있다.

하지만 대부분의 협상이 그렇듯 출원인과 심사관이 최종 타협안에 수긍하여야 비로소 특허심사는 마무리되고 특허를 획득할 수 있다. 이렇게 완성된 타협안으로 자신의 기술을 보호받을 수 있다.

협상은 과학이 아니며, 승리가 전부가 아니라는 〈거래의 기술〉의 협상법은 특허심사에서도 적용된다. 협상을 두려워할 필요는 없다. 하지만 핑퐁 게임처럼 출원인과 심사관의 커뮤니케이션이 수개월 간 지속될 수 있다. 긴 협상의 이면에는 시간과 비용이 필요하다는 점을 간과해서는 안 된다.

> "두려움 때문에 협상하지 말라. 그러나 협상하는 것을 두려워해서도 안 된다."
>
> − 존 F. 케네디 −

그리고 특허 협상에서 가장 중요한 규칙은 자신이 협상 과정에서 한 말을 번복할 수 없다는 것이다. 특허등록을 위해서 협상에서 심사관에게 전달했던 의견은 특허등록 이후에도 권리자에게 큰 영향을 미친다. 특허법은 협상 상대방에 대한 신의를 지키고 자신의 말에 책임을 지도록 구속력을 부여한다. '출원경과 금반언의 원칙'이라고 불린다.

특허 협상에서 '내 기술은 렌즈가 위아래로 움직이지 않는다'고 주장하였다면 나중에 '내 기술이 렌즈가 3차원 공간에서 모든 방향으로 움직이는 기술이다'라고 기존 입장을 번복하며 권리를 주장할 수 없게 된다. 협상의 언어는 법률 언어로도 작용하게 되는 것이다. 따라서 출원인이 주장하는 표현 하나하나가 최종적인 특허권 권리범위에 영향을 미치는 점을 주의하여야 한다. 협상의 언어는 신중하게 사용될 필요가 있다.

특허를 획득하는 최종 목표는 특허를 받은 뒤 비즈니스를 안정적으로 보호하고 개량되는 기술을 점진적으로 보호하는 것이다. 따라서 하나의 협상에서 양보하더라도 다른 협상에서 더 큰 양보를 얻어낼 수 있다. 지금 협상의 결과가 다른 제품과 서비스에 미치는 영향력도 함께 고려되어야 한다. 협상카드는 많으면 많을수록 좋다.

협상의 세 번째 단계: 협상의 성공과 실패

특허청 심사관은 출원인이 제안한 타협안에 동의한다면 특허를 부여하는 결정을 한다. 협상의 성공을 공식적으로 알리는 단계이다. 행정청이 발명의 내용을 검토하고 특허문서가 잘 작성되었음을 인정한 것이다. 실무상 '특허결정'이라고 부른다.

출원인은 이제 최종적으로 특허를 등록하고 최장 20년의 기간 동안 자신의 제품과 서비스를 보호받을 수 있게 된다. 이제부터는 제품에 특허의 등록사실을 표시할 수 있고, 현물출자나 자금 조달을 위해 사용할 수 있으며, 상장기업이라면 특허 획득 공시까지 이어지는 다양한 특허 활용처를 찾을 수 있다.

협상의 성공이 있다면 실패도 있다. 다양한 이유로 협상의 실패가 발생한다. 협상 실패의 이유 중 하나는 상대방이 수긍할 정도로 충분하게 설득하지 못했기 때문이다.

심사관은 '렌즈가 위아래로 움직이는 기술'과 '렌즈가 좌우로 움직이는 기술'의 차이점을 크지 않다고 판단했을 수 있다. 렌즈가 움직이는 방향을 변경한 것은 누구나 쉽게 생각할 수 있다고 볼 수 있지 않을까? 일반적으로 크기나 비율을 변경하거나 방향을 변경하는 것은 쉽게 예측 가능한 설계 변경 사항으로 인정된다.

'중국의 스마트폰이 렌즈가 위아래로 움직이는 이유는 영상의 확대와 축소를 위한 것이다. 이에 반해 우리 기술은 손떨림에 의한 영상 노이즈를 방지하기 위하여 렌즈가 좌우로 움직이는 것이다.'라는 취지로 제품의 동작이나 기능을 차별화하여 강조하면 협상의 성공 확률을 조금 더 높일 수 있다.

협상 실패의 또 다른 이유는 적절한 타협안을 제공하지 못했기 때문이다. 대부분의 출원인은 현재의 사업, 미래의 사업, 상대방의 사업까지 모두 포괄하는 특허를 얻길 원한다. 조금 더 강력한 특허를 획득하는 것을 희망하기 때문에 쉽게 양보하지 않는다. 이러한 욕심은 심사관에게 큰 양보를 요구한다. 협상 상대방을 압박하여 전면적인 양보를 요구하거나 타협안 없는 협상은 결렬로 이어진다. 대부분의 협상의 실패는 적절한 타협안을 찾지 못했기 때문에 발생한다.

협상은 과학이 아니라 예술과도 같다. 상대방의 태도와 상황을 이해하고 자신에게 유리한 방향으로 협상을 이끌어 낼 감각과 지혜가 필요하다. 감정적으로 심사관의 의견에 반박할 것이 아니라 자신에게 유리한 요소와 불리한 요소를 다각적으로 고려하여 2차 타협안, 3차 타협안을 준비해야 한다. 필요하다면 상대방에게 재협상을 요구하거나 협상 담당자를 교체해달라는 요청을 할 수도 있다. 협상의 룰 안에서 창조적인 해결책이 필요하다.

04 끝났다고 끝난 것이 아니다 _____

아직 샴페인을 터트리기는 이르다

대부분의 권리자는 특허 획득과 함께 샴페인을 터트린다. 그리고 장롱 속에 특허를 묻어둔다. 짧게는 1년 길게는 수년 동안 아이디어 개발, 특허문서 작성, 협상을 진행해왔기 때문에 피로도가 상당하다. 긴 협상의 터널을 지나 도착한 목적지에서 잠시 쉬어 가도 괜찮다.

하지만 운전이 끝났더라도 목적지에 잘 도착했는지, 차량의 상태는 괜찮은지, 기름을 더 보충해야 하는지, 다음 목적지는 어디인지 등을 꼼꼼하게 살펴보아야 한다. 긴 특허 여정에 운전자를 믿고 잠들었는데 내비게이션의 잘못으로 도착한 곳이 광주 광역시가 아니라 경기도 광주시일 수 있다. 대리인에게 전적으로 일임한 특허의 목적지가 달라지는 경우가 빈번하게 발생한다.

특허심사의 협상에 성공했더라도 '협상 테이블에서 지나치게 많이 양보한 것은 아닐까?', '제품과 서비스를 잘 보호할 수 있는 특허일까?'와 같은 질문을 던져보며 협상을 마무리하는 시간이 필요하다.

협상 시간이 부족한 스타트업들은 빠른 특허등록을 희망한다. 협상의 결렬을 두려워하여 상대방의 요구 사항을 모두 들어주고 협상을 끝냈다면 그 결과를 수용할 수 있을지 다시 반문해야 한다. 시간이 지난 뒤에 협상이 잘못된 것을 깨달았을 때는 협상의 결과를 되돌릴 수 없다. 따라서 샴페인을 터트리는 것은 잠시 미루고 최소한의 대응책을 마련할 수 있는 점검 시간이 필요하다.

특허의 처음과 끝은 제품과 서비스

좋은 특허는 소비자의 니즈를 해결하는 아이디어에서 출발한다. 특허가 매출에 기여하고 사업을 보호하기 위해 활용되기 위해서 특허는 제품과 서비스와 일치하여야 한다. 제품과 서비스가 특허의 부분집합이어야 하지만 그 역이 되어서는 안 된다. 좋은 특허를 획득하기 위해서는 제품과 서비스를 점검하는 마지막 관문을 통과하여야 한다.

특허와 제품이 매칭되지 않는 이유는 다양하다. 제품이 아직 개발 중이거나 시제품이 나오지 않은 상태에서 특허가 등록되면서 향후에 출시될 제품과 특허가 매칭되지 않을 수 있다. 시장 상황을 예측하기 어려운 경우에 자주 발생한다. 이 경우에는 특허 등록을 지연하고, 제품 출시가 임박한 경우에는 특허에 작성된 표현을 바꾸는 전략을 취하는 것으로 해결될 수 있다.

초기 스타트업의 경우에는 제품의 프로토타입이 나오고 나서도 소비자의 반응에 따라 제품이나 서비스를 변경하는 피벗이 빈번하기 때문에 비즈니스 전략에 대응하여 특허 전략을 지속적으로 수정하며 관리할 필요가 있다.

특허와 제품이 매칭되지 않는 가장 대표적인 이유는 특허 등록에 집중하며 특허를 획득하는 원래 목적을 후순위에 두었기 때문이다. 제품과 서비스를 보호하기 위해서 특허를 획득하기로 생각하였지만 정작 협상의 과정에서 승리를 위해 본질을 놓친 것이다. 대부분의 특허들이 활용되지 못하고 있는 이유이다.

제품화 가능성이 낮은 특허를 등록받으면서 시장성을 포기하거나 협상에서 상대방의 요구를 모두 수용한다면 특허를 쉽게 등록받을 수 있다. 출원인에게 빠른 시일 내에 특허를 획득하는 것은 달콤한 유혹으로 다가온다.

마케팅을 목적으로 하는 특허이거나 정부 지원을 주목적으로 하는 특허라면 특허와 제품의 일치 여부를 판단하는 절차는 조금 양보할 수 있다. 하지만 경쟁자의 모방으로부터 내 사업을 보호하기 위한 목적이라면, 특허를 이용한 투자나 대출을 위한 자금조달을 위한 목적이라면, 제품과 서비스의 매칭은 양보할 수 없는 최소한의 마지노선이다.

따라서 특허를 획득한 이후에도 실제 제품과 서비스를 반영하고 있는지 주기적으로 점검해야 한다. 청구항의 표현과 제품·서비스를 비교하는 방법을 활용할 수 있다. 비교표의 좌측에는 청구항의 표현을 구성요소(Element)로 나열하고, 우측에는 제품의 사진이나 비즈니스 개념을 블록도로 구현하여 비교하여 제품·서비스에 특허가 어느 정도 적용되었는지 검증할 수 있다.

특허 제도 중에서는 분할출원 전략이나 우선권출원 전략을 적절하게 활용하여 변경된 시장과 비즈니스 상황을 특허에 반영하는 시도도 가능하다. 특허는 비즈니스를 위한 보조 도구로 사용되어야 하므로 특허는 비즈니스와 함께 살아 있는 생물처럼 관리될 필요가 있다.

특허 포트폴리오를 점검하다

기업이 성장하며 관리해야 할 특허의 수가 늘어난다면 특허를 하나의 포트폴리오로 관리하는 것이 효율적이다. 후속 연구가 지속되어 발명이 개량된 경우 특허를 보완하거나 새로운 특허를 기획할 수 있다. 고객이 요구하는 제품의 스펙이 달라지거나 소비자의 반응이 달라진다면 그에 맞춰 특허의 색깔도 바꿔야 한다. 제품과 서비스를 여러 관점에서 다양하게 보호할 필요가 있다.

비즈니스 전략이 수정되면 특허로서 보호받고자 하는 권리도 변경되어야 하며 해당 비즈니스의 매출액이 늘어난다면 그만큼 추가적인 보호를 받을 수 있도록 다각적인 포트폴리오를 설계하여야 한다. "계란을 한 바구니에 담지 말라"는 경제학의 포트폴리오 이론이 특허에도 적용된다. 제품의 하나의 기능에 집중하는 것이 아니라 다양한 관점에서 다양한 특허를 획득하여 관리하여야 한다.

예를 들어 하나의 면도기에 대해서 면도기의 손잡이, 면도날 등으로 구조적인 관점으로 바라볼 수 있지만, 면도날의 끝부분에 코팅되어 있는 금속과 세라믹 등의 조성물의 성분 관점으로도 바라볼 수 있다. 또한 면도날이 아닌 피부와 면도기의 밀착력을 증가시키기 위한 결합 구조체

(예: flexible ball)에 대해서도 권리화를 시도할 수 있다.

"계란을 한 바구니에 담지 말라."

– 제임스 토빈 –

특허 포트폴리오를 정비하기 위해서 분할출원은 실무적으로 다양하게 활용할 수 있는 제도이다. 특허문서를 처음부터 새롭게 작성하지 않으면서 포트폴리오를 풍성하게 만들 수 있다. 적극적으로 활용할 것을 권장하는 제도이다. 분할출원은 특허 풀(Patent Pool)을 형성하거나 출원인에게 권리범위를 재설계할 기회를 제공한다. 분할출원은 원출원과 별개의 특허출원으로 취급된다. 분할출원에서는 원출원에 사용된 용어를 변경하거나, 권리범위의 광협을 변경하거나, 발명을 바라보는 관점을 변경할 수 있다.

원출원에서는 "스마트폰"이라고 사용한 용어를 분할출원에서는 "모바일 디바이스", "통신장치", "장치" 등으로 변경할 수 있다. 만약 원출원에서는 "탄소를 포함하는 강철"이라고 청구하였다면, 분할출원에서는 "강철" 또는 "금속" 등의 상위 개념으로 권리범위의 광협을 변경하여 보다 넓은 권리 확보를 시도할 수 있다. 원출원과 분할출원에서 서술하는 기술적 특징의 관점을 서로 다르게 변경할 수도 있다. 하나의 기술에 대해 어느 관점에서 바라볼지에 따라 다양한 특허 청구범위를 작성할 수 있기 때문에 분할출원은 특허 포트폴리오 구축에 널리 활용되는 제도이다.

특허 포트폴리오는 비즈니스 벨류체인별로 기술을 분류하여 특허를 관리하거나 자사와 경쟁사의 특허를 비교하여 하나의 지도를 그리는 방식으로 관리할 수 있다. 특허 포트폴리오 관리에는 시간과 비용이 든다. 항상 투자 대비 효용(ROI: Return on Investment)을 고려하여 최적의 수익성을 확보해야 한다.

협상의 결렬에 대처하는 방법

특허심사에서 거절을 두려워하여 미리 많은 양보를 할 필요는 없다. 정가가 없는 중고차 시장에서 처음부터 높은 가격을 부르지는 않는 것이 협상의 기술이다. 상대방이 2000만 원을 제안하더라도 느긋한 마음으로 차량을 점검하면 된다. 처음에는 1000만 원에서 점차적으로 가격을 맞춰 나가며 합리적인 타협점을 모색할 수 있다. 레몬 마켓(Lemon Market)과 같이 정보의 불균형이 존재하는 상황에서는 신중한 접근이 필요하다.

한 해에 한국에서만 10만개 이상의 특허가 탄생하는 특허 시장의 양적 규모를 고려할 때 고품질 상품이 가득한 피치 마켓(Peach Market)으로 보기는 어렵다. 오히려 레몬 시장과 같이 정보의 비대칭으로 인해 특허 품질을 출원인이 먼저 양보할 가능성이 높다. 이때 출원인에게 필요한 것은 협상의 결렬을 두려워하지 않고 특허 제도를 활용하기 위한 마음가짐과 든든한 조력자인 변리사를 옆에 두는 것이다.

"거절당할 것을 미리부터 두려워하지 말라."

– 커넬 샌더스 –

특허심사에서 거절결정은 끝을 의미하지 않는다. '거절결정서'라는 이름이 주는 압박감이 상당하지만 이는 임시적인 통지일 뿐이다. 협상이 결렬되었더라도 새로운 협상 테이블에 앉으면 된다. 특허 제도는 협상을 위한 다양한 테이블을 제공하고 있으며, 출원인은 상황에 따라 유리한 협상 테이블을 고를 수 있다. 출원인이 선택할 수 있는 대표적인 선택지는 세 가지가 있다.

첫 번째 방법은 특허청에 다시 특허심사를 청구하는 것이다. '재심사'라고 불리는 불복 절차이다. 거절결정서에 적힌 이유를 살펴보고 협상 전략을 수정하여 새로운 대안을 제시하는 방법이다. 기존과 동일한 주장을 반복하면서 재심사 과정에서도 전혀 양보하지 않는다면 시간과 비용을 낭비하는 것이다. 상당한 시간과 공을 들여 검토한 심사관의 노력을 존중하지 않는 처사이기도 하다. 따라서 재심사 과정에서는 특허의 권리를 일부 양보하면서 타협점을 모색하게 된다.

두 번째 방법은 '분할출원'이라고 불리는 절차로서 불리한 판을 뒤집는 방법이다. 분할출원 제도의 원래의 목적은 하나의 특허문서에 여러 개의 발명이 있는 경우 이를 분할할 수 있도록 허용하는 것이다. 스마트폰의 카메라 기술과 터치화면 기술을 별도의 특허로 등록받고 싶다면 하나의 특허문서를 카메라 기술에 대한 특허문서와 터치화면 기술에 대한 특허문서로 나누는 것이 가능하다. 분할출원을 통해 특허문서에 포함되어 있었지만 협상에 등장하지 않았던 새로운 카드를 제시할 수 있다. 이와 더불어 분할출원 제도는 청구항의 표현을 바꾸는 것도 허용하고 있다. 따라서 협상에 불리하다면 분할출원을 통해 새로운 카드를 제시하거나 새로운 판을 짜는 것을 시도할 수 있다.

마지막 방법은 특허청이 아닌 특허심판원에 심판을 청구하는 것이다. '거절결정불복심판'이라고 불리는 절차이다. 민사소송에서 1심에 불복하여 2심에 항소하는 것과 비슷하다. 새롭게 심판부가 형성되어 특허심사가 잘 진행되었는지 판단하게 된다. 재협상을 하더라도 비슷한 결과가 나올 것 같다는 생각이 드는 경우에 곧바로 불복절차를 진행할 수 있다. 비용이 많이 들지만 사업의 핵심 기술로 보호해야 하는 경우에는 결사 항전의 의지로 이기기 위한 방법을 선택해야 한다.

특허심사를 통과한 것이 끝난 것이 아니다. 협상을 성공하였더라도 방심할 수 없고 협상에 실패하였다면 차선책을 고민할 때이다. 유능한 협상가는 '재심사', '분할출원', '거절결정불복심판'을 활용해 특허 협상의 결렬에 대처할 수 있다.

05 특허 획득을 위한 여정 _____

특허라는 도착지, 권리 획득을 위한 레이스

특허를 획득하는 여정은 마라톤과 같다. 머릿속의 아이디어를 현실로 만들고 이를 특허문서라는 글로 탄생시키는 창작의 과정을 통해 레이스를 시작한다. 특허문서를 협상의 테이블에 올린 다음에는 심사관과 길고 긴 협상의 과정을 거쳐야 한다. 협상의 줄다리기를 통해 특허를 획득한다. 특허심사를 잘 마무리하는 것도 중요하지만 포트폴리오를 점검하며 기업의 성장에 필요한 특허를 계속 관리하는 정리 운동도 필요하다.

연구개발의 결과물을 정리하는 것이 특허를 획득하는 첫 관문이다. 기업이 만들어 낸 지식재산을 살펴보며 특허로 획득할 가치가 있는 옥석을 골라내는 작업을 하여야 한다. 코카콜라의 제조 레시피에 대해 특허를 받게 되면 시장을 20년간 독점할 수 있지만, 수십 년간 비밀에 둔

그림 2∥ 특허를 획득하는 순서

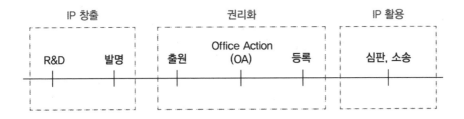

기술이 강제적으로 공개되므로 기업의 상황에 따라서 영업비밀(Trade Secret)로 보호하는 것이 바람직할 수 있다.

기술을 일부 공개하더라도 기술을 독점하는 효용이 더 크다면 특허를 획득하는 두 번째 관문의 앞에 선다. 그리고 세상에 기술을 공개하는 대가로 특허라는 권리를 얻어내는 국가와의 거래를 시작한다. 내 기술을 특허문서로 작성하고 특허심사라는 협상을 통해 특허를 획득하게 된다. 이렇게 획득한 권리는 특허 전쟁에서 스파르타쿠스와 같이 적을 제압할 수 있는 강력한 무기가 되며, 기술을 보호하기 위해 활용된다.

특허를 활용하는 새로운 트렌드

특허를 전쟁의 도구로 보는 시선은 특허의 역할을 제한한다. 상자 안의 생각은 안락하지만 혁신을 사라지게 한다. 상자 밖에서 특허 제도를 새롭게 바라보는 노력이 모여 새로운 트렌드를 만들어 내고 있다. 연구개발과 기업 경영에 특허를 활용하는 시도이다. 특허를 획득하는 권리화 과정에만 집중하지 않는다. 연구개발을 기획하는 과정에서부터

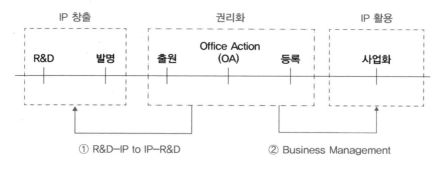

선제적으로 특허를 활용한다. 특허 전쟁이 없는 평화 속에서 특허라는 무기를 잠시 내려두고 기업가치를 높이기 위해 특허를 활용하기 시작하는 시도도 등장했다.

기존에는 연구개발(R&D) 결과를 정리하여 지식재산권(IP)을 획득하는 R&D-IP 구조를 가졌다. 연구개발을 마치고 지식재산권을 획득하는 과정에서 자원이 낭비된다. 내 기술을 누군가 먼저 개발하였다면 연구비용은 기회비용이 된다. 하지만 IP-R&D는 연구개발을 기획하는 과정에서부터 지식재산권을 활용한다. 특허 빅데이터를 활용하여 기술의 공백을 찾고, 경쟁사의 강점과 약점을 분석하여 시장에서 살아남을 수 있는 맞춤형 특허를 만들어 낼 수 있다. IP-R&D는 시간과 비용을 절약하는 맞춤형 특허 활용법이다.

III

스타트업이 특허를 활용하는
10가지 방법

특허는 새로운 미래의 시작점이 되어야 한다

스티브 잡스는 스탠퍼드 대학교에서 자신의 인생을 이야기하며 "점과 점들의 연결(Connecting the dots)"이라는 명문을 남겼다. 대학을 자퇴하고 들었던 캘리그래피 과목이 애플의 서체를 탄생시켰고, 자신이 설립한 회사에서 쫓겨난 이후에 새로 창업한 회사 넥스트와 함께 화려하게 복귀했다. 인생의 모든 경험은 하나의 연장선으로 그려진다. 현재 나의 모습은 과거의 경험들의 발자취이고, 현재의 점들은 미래의 점들과 연결되는 시작점이 된다.

협상의 줄다리기 끝에 획득한 특허도 과거의 점들이 만나 이루어지는 새로운 그림이다. 아이디어를 발전시키고 특허를 획득하기 위해 들인 노력은 점으로 연결되어 특허에 의미와 가치를 부여한다. 미래의 연결고리를 만드는 믿음으로 비즈니스에 적극적으로 특허를 활용할 때 특허의 진정한 가치가 드러난다. 기업은 특허를 장식장의 트로피로 감상하는 데 그치지 않고 처음 생각했던 방향으로 선을 그리는 새로운 시작점으로 활용할 때이다.

"점과 점들의 연결(Connecting the dots)"

– 스티브 잡스 –

스타트업은 지식재산을 생각보다 다양한 곳에서 활용할 수 있다. 특허의 역할을 고민하고 기업의 경영에 접목시킬 때 특허의 진정한 가치가 보인다. 특허는 경쟁자를 제압하는 무기이자 후발 주자의 시장 진입을 저지하는 바리케이드의 모습을 가진다.

특허를 특허 전쟁을 준비하는 창과 방패로 활용하지 않고 새로운 시각에서 특허를 바라볼 수도 있다. 회사의 기술력을 증빙하는 마케팅 자료로 활용하거나 회사의 현금흐름을 만들어 내는 자산으로서의 가치에 주목하는 것이다. 4차 산업의 성장과 함께 무형자산의 중요성은 점차 더 커지고 있다. 창업자 개인 소유의 특허를 현물로 출자하여 지분을 확보하거나, 특허 자본화를 통해 기업의 재무구조나 신용등급을 개선할 수 있다.

예비창업자와 초기창업자는 데스밸리를 넘기 위한 현실의 벽도 고민하여야 한다. 스타트업의 초기에는 화려한 스포트라이트보다 자금난을 버티며 시장의 반응을 기다려야 한다. 정부나 공공기관의 지원사업에 특허를 가점요소로 활용하면서 사막 속 오아시스 같은 지원자금을 얻어낼 수 있다.

4차 산업혁명의 핵심은 데이터이다. 스타트업은 특허 빅데이터를 적극적으로 활용하여 시장을 분석하고 기술동향을 파악하기 위한 특허 지도를 그려야 한다. 최근에는 연구개발 결과를 특허로 획득하는 구조에서 특허로 연구 방향을 먼저 탐색하는 구조로 연구 효율성을 도모하고 있다. 상대방이 공들여 작성한 특허문서가 무료로 공개된다. 공공 데이터를 적극적으로 활용하자.

특허는 특허권자에게 합법적인 수익모델을 제공하고 있다. 특허를 활용하여 로열티 수익을 얻는 것을 장려한다. 내 기술을 활용하기 위한 잠재고객이나 경쟁업체에게 라이선스 계약을 통해 부수입을 얻어낼 수 있다. 삼성이나 퀄컴과 같은 대기업이 아닌 스타트업도 선제적인 로열티 확보 전략을 수립할 수 있다. 상대방이 내 특허를 구독하면 수익이 생긴다. 매달 특허 구독료를 받기 위한 구독 경제를 설계하자.

상생과 공존의 가치가 중요하게 다뤄지는 세상이다. 직원들의 발명 성과를 보상하고, 직원에게 제공한 보상금을 일부분 세액공제받아 세제상 혜택을 누릴 수 있다. 직무발명 보상제도를 활용하여 기업 내 구성원들에게 연구개발 의욕을 고취시키며 기업의 재무구조를 개선하는 실리를 챙길 수 있다.

부동산만이 자산이 아니라 특허도 자산이다. 특허의 가치도 숫자로 정의되는 세상이다. 상장기업이라면 특허 획득 사실을 공시할 수 있고, 비상장기업이라면 투자 과정에서 기업가치에 특허가치를 반영할 수 있다.

스타트업은 인수합병(M&A)이나 기업공개(IPO)를 통한 엑싯을 꿈꾼다. 아직 매출액이 낮아 상장 요건을 구비하지 못한 기업들은 기술특례상장을 준비하는 과정에 특허를 활용할 수 있다. 유종의 미를 거두기 위해서 특허를 활용하는 방법을 고민할 필요가 있다.

01 특허는 경쟁자를 제압하는 무기 - 공격형 특허

시장 독점의 힘을 제공하는 특허

시장을 독점하는 기업은 이윤을 독점한다. 경쟁이 없어진 시장에는 부작용이 생기기 마련이다. 이윤을 추구하는 기업의 본능은 필연적으로 자유경쟁을 제한하기 때문에 국가는 기업의 독점을 규제한다. 2000년대 초반 마이크로소프트도 컴퓨터 운영체제 시장에서 독점적 지위를 남용하였다는 이유로 회사를 강제로 2개로 분할할 뻔했다. '세기의 딜'로 불렸던 미국 엔비디아와 영국의 ARM의 인수합병(M&A)은 유럽연합의 승인 거부로 무산되었고, 빅테크 기업 아마존과 페이스북도 반독점 규제 법안들과 치열하게 싸우고 있다.

국가는 기업의 시장 독점을 견제하면서도 특허를 통한 기술 독점을 장려하고 있다. 독점을 견제하면서도 특허에 대해서는 상반된 태도를 보인다. 특허를 획득한 권리자는 합법적으로 기술을 독점하고 시장에서 경쟁력을 확보할 수 있다. 특허를 잘 활용하는 기업은 합법적으로 시장을 독점하는 기회를 가진다. 국가는 왜 유독 특허에는 시장의 논리와 반대로 강력한 힘을 제공하고 있을까?

국가는 권리자에게 기술과 아이디어를 독점할 권리를 제공하지만 대가를 요구하고 있다. 특허문서를 누구든지 볼 수 있도록 공개하는 약속을 독점권의 대가로 받아간다. 기술을 독점하는 권한을 주지만 공짜로 줄 수 없다는 것이다. 따라서 기업은 기술을 공개한 대가로 기술을 독점할 권리를 얻을 것인지를 고민해야 한다. 동전의 양면과 같은 딜레마이다. 만약 내 기술을 공개하는 위험을 감수한다면 상대방이 내 기술을 사용할 수 없는 힘을 보장받을 수 있다. 시장의 생리를 거슬러 올라가는 시장 독점의 힘은 특허를 통해서만 가질 수 있다.

스타트업이 이기는 싸움을 하기 위해서는

스타트업과 대기업의 관계를 다윗과 골리앗에 비유한다. 강자와 약자가 대립하는 경쟁 구도를 비유한 것이다. 스타트업이 싸움에서 이기는 방법은 대기업이 이기는 방법과 다르다. 대기업은 규모의 경제를 통해 시장의 우위를 점한다. 시스템과 풍부한 자금을 활용하여 조직사회의 이점을 활용한다. 다윗은 자금력과 인력의 한계를 인정하고 다른 대안을 찾아야 한다. 전면전보다는 국지전을 노림으로써 골리앗의 약점을 공략할 수 있다. 특허는 스타트업이 가질 수 있는 전략무기이다.

스타트업이 다윗과 골리앗의 싸움에서 이기기 위해서는 자신의 강점을 살려야 한다. 새로운 비즈니스 모델을 통해 골리앗이 접근할 수 없는 사업영역을 선점하거나 사업영역을 독점하는 권리를 보유하는 전략이 필요하다.

다른 사람과 나의 심리학적 안전거리를 의미하는 퍼스널 스페이스 (Personal Space)는 특허에도 존재한다. 특허라는 독점권은 골리앗이 침범을 막는 경계선 역할을 한다. 권리자는 법률이 정하는 합법적인 독점 권한을 적재적소에 활용하여 경쟁자들에게 나의 영역을 침범하지 않도록 경고하고, 경고에 불응하면 무자비한 공격을 감행할 수 있다.

특허라는 무기, 얼마나 강력한 힘을 가지고 있는가?

물건을 소유한 사람은 자유롭게 자신의 물건을 활용할 수 있다. 컴퓨터를 구매하여 소유한 사람은 컴퓨터를 더 비싼 가격에 팔거나, 컴퓨터를 활용하여 투자 수익을 얻거나, 글을 써서 수익을 얻을 수 있다. 누가 내 컴퓨터를 사용하려면 내 허락을 받아야 한다. 소유권자는 자신의 물건을 자유롭게 사용하고, 수익하며, 처분할 수 있는 전면적 지배 권한을 가진다.

국가는 다른 권리들보다 강력한 힘을 특허권에 부여하고 있다. 특허권은 물건의 소유권을 뛰어넘는 막대한 권능을 가진다. 특허권자도 소유권자와 마찬가지로 자신의 특허를 다시 판매하여 수익을 얻을 수 있고, 내 특허를 이용하여 다양한 부수입을 얻을 수 있다. 누가 내 특허를 허락 없이 이용하려고 하면 내 특허를 사용하는 것을 못하게 막을 수 있다.

특허가 무기로 활용될 수 있는 이유는 강력한 금지 권한에 있다. 내 특허를 침해하는 경우에는 제품 판매를 중단시키는 것을 넘어서서 제조설비를 원천 제거할 수 있도록 요청할 수 있다. 침해의 개연성이 높다면 예비적 침해까지 강력하게 제재한다. 완제품을 판매하지 않았더라도 부품을 판매하는 모방자의 의도까지 간파한다.

특허권자는 실제 손해보다 더 큰 손해액의 3배까지 배상할 수 있도록 징벌적 손해배상을 청구하도록 규정한다. 특허 제도는 실제 손해를 넘어서는 징벌적 손해를 인정한다. 특허권 침해죄는 형사처벌까지 가능하다. 고의로 침해한 자는 7년 이하의 징역이나 1억 원 이하의 벌금에 처할 수 있다. 특허는 생각보다 큰 힘을 가지고 있다.

내 권리를 지키는 첫 번째 방법: 특허권 침해금지청구

특허권자는 야생에서 잠자는 사자와 같다. 원초적 힘을 가지고 있지만 그 힘을 드러내지 않고 조용히 때를 기다린다. 그러다 누군가 잠자는 사자의 코털을 건드렸다면 잠에서 깨어난 사자는 한 손에 특허라는 무기를 들고 움직이기 시작한다.

특허권자는 특허를 활용하여 경쟁자의 제품 모방을 중단시킬 수 있다. 특허권 침해금지청구는 권리자가 활용할 수 있는 첫 번째 수단이다. 상대방의 제품과 내 특허문서를 비교하여 법적 권리를 행사하는 것이다. 내 특허와 비슷한 경쟁사의 제품 판매를 금지할 수 있다. 제품이 시장에 판매되는 것을 중단시키는 것으로 그치지 않고 제조설비까지 제거하도록 요청할 수 있다. 반복되는 모방의 시도를 막아내고 다시는 특허 침해가 발생하지 않도록 예방 조치를 인정하고 있다. 유행에 힘입어 히트 제품을 모방하기 위해 큰 투자를 한 경쟁사의 노력은 한순간에 물거품이 되고 만다.

특허를 획득할 때 내 제품과 특허를 잘 매칭하여 관리한 경우에 경쟁자의 모방제품 판매를 신속하고 정확하게 저지할 수 있다. 잘 관리된 특허는 경쟁사의 사업 의지를 꺾게 만든다.

더욱 무서운 것은 침해금지 가처분이다. 침해의 가능성이 높다면 소송이 끝날 때까지 제품을 판매할 수 없고 영업을 중단해야 할 수도 있다. 가처분은 임시조치이지만 수개월 내에 신속하고 빠르게 진행되기 때문에 소송이 끝날 때까지 수년의 시간 동안 상대방을 괴롭게 한다. 특허권 침해 사실을 거래처가 확인한 경우 대개 새드 엔딩으로 끝난다.

특허권 침해금지청구를 행사할 때 상대방이 '특허가 있었는지 몰랐다'는 주장은 인정되지 않는다. 우연의 일치로 비슷한 제품을 출시했을 수도 있다. 특허 세상에서 결백을 증명하더라도 특허를 침해하였다는 사실은 달라지지 않는다. 제품 판매나 서비스를 출시하기 전에 스스로 특허침해 분석(FTO: Freedom-to-Operate Analysis)을 수행하는 방법이 최선이다.

내 권리를 지키는 두 번째 방법: 특허권 손해배상청구

특허권 손해배상청구는 권리자가 활용할 수 있는 두 번째 수단이다. 권리자는 상대방이 내 제품을 베껴서 판매하는 것을 중단시켜 시장의 혼란을 방지한다. 여기서 끝나지 않고 이미 판매한 제품으로 얻은 수익을 배상금으로 돌려받을 수 있다. 전자는 행동을 멈추게 하는 것이고,

후자는 금전적 손실을 보상하는 것이다. 타인의 권리를 침해한 대가가 기다리고 있다.

매출이나 판매량이 부족한 스타트업의 입장을 보호하기 위한 다양한 제도도 구비되어 있다. 특허법은 합리적인 수준에서 권리자를 보상하며 침해 사실의 증명이 힘든 경우에는 재량을 발휘하기도 한다. 추상적인 아이디어를 보호하는 특허 제도는 제품을 판매하지 않은 특허권자까지 보호한다.

최근에는 지식재산 보호를 강화하기 위한 제도를 도입하고 있다. 징벌적 손해배상 제도는 타인의 특허권을 고의로 침해한 자에게는 최대 실손해액의 3배까지 손해배상을 청구할 수 있도록 허용하는 제도이다. 법원도 징벌적 손해배상을 점차적으로 적극 수용하고 있는 추세이다.

징벌적 손해배상은 미국에서는 이미 1970년대에 특허권을 고의로 침해한 경우에는 실제 손해를 넘어서는 금액을 징벌적으로 배상하는 제도를 도입할 정도로 널리 활용되고 있는 제도이다. 중국에서도 손해액의 최대 5배를 배상하도록 법이 개정되었으므로 해외사업을 추진할 때에도 특허 침해를 적극적으로 고려할 필요가 있다. 상대방의 기술을 무단으로 사용하고 나중에 보상하면 된다는 인식은 더는 자리잡기 힘들게 되었다. 기술패권의 경쟁으로 첨단기술을 보호하기 위해 특허권자의 지위는 더 강화될 전망이다.

내 권리를 지키는 세 번째 방법: 특허권 침해죄는 형사처벌의 대상

형사처벌이 가져다주는 압박감은 상당하다. 국가는 특허권 침해를 하나의 죄로 인정하여 사회에 경각심을 주고 있다. 제품 판매를 중단하거나 손해를 배상하는 것만으로는 권리자를 보호하기 부족하기에 형사처벌이라는 강수를 둔 것이다.

10년을 연구 개발한 기술이 탈취되었을 때 조그마한 보상금으로 노력을 보상하기에는 역부족이다. 연구개발의 의지를 꺾고 기업의 생존을 위협한다. 자본의 논리로 비슷한 제품을 손쉽게 모방해서 중소기업과 대기업이 갈등을 빚는 것은 어제오늘의 일이 아니다.

상대방의 특허를 고의로 침해한 자는 7년 이하의 징역이나 1억 원 이하의 벌금에 처할 수 있다. 최근에는 친고죄에서 반의사불벌죄로 변경되어 침해자의 입지는 더 좁아졌다. 상대가 느끼는 법률 리스크의 크기만큼 특허가 주는 압박감은 커진다.

싸우지 않고 이기는 것이 최선이다

약육강식의 세상에서 특허를 가진 자는 권력을 가진다. 내가 가진 특허는 협상 테이블에서 비장의 카드로 활용된다. 얼굴을 붉힐 필요가 없이 웃는 얼굴로 특허 침해 증거를 제시하면 된다. 상대방은 침해를 인정하고 합의금을 낼 것인가, 소송으로 진행하여 부당함을 다툴 것인지 선택지를 두고 고민할 것이다. 그리고 내 특허문서를 살펴보고 상대방의 고민은 더욱 깊어질 것이다.

잘 만들어진 특허, 비즈니스를 보호하는 좋은 특허라면 빈틈을 찾기 위해서도 시간과 비용을 써야 한다. 투입 비용과 효용의 균형추를 또다시 저울질한다. 특허 침해의 무게는 가볍지 않다. 특허권자는 상대방의 양보를 보다 쉽게 얻어낼 수도 있다. 싸우지 않고 이기는 것이 최선이다. 평화를 원한다면 전쟁을 각오해야 하고 특허 전쟁에서도 힘의 논리가 작용한다. 그리고 상대방보다 우위를 가지는 힘의 근원에는 특허가 있다.

"싸우지 않고 이기는 것이 최선의 전쟁이다."

– 손자병법 –

02 특허는 후발 주자의 시장 진입을 저지하는 방패 - 방어형 특허 ────────

성을 공격하기 위해서는 몇 배의 힘이 든다

〈손자병법〉에 따르면 튼튼한 성을 가지고 방어하는 병력보다 성을 공격하는 측은 수 배 이상의 병력이 필요하다고 한다. 강력한 성을 가지고 있는 성주는 훨씬 유리한 위치에서 적의 공격을 막아낼 수 있다. 성벽을 바라보는 상대방은 전투 의지를 상실하기도 한다.

특허 공성전에서도 잘 구축된 특허 성벽은 적의 공격을 막아내는 데 큰 역할을 한다. 적의 보급로를 차단하고 상대방이 포위하더라도 성에서 지켜보며 대응하면 되므로 상대적으로 부담이 적게 든다. 로마 제국의 콘스탄티노폴리스의 3중 성벽은 오스만 제국의 침략 이전까지 천 년 동안 난공불락의 성으로 이름을 알렸다.

특허로 경쟁자를 공격하고 법적 분쟁을 통해 승리를 하더라도 길고 긴 분쟁에 집중하며 시간과 에너지를 낭비하게 될 가능성이 높다. 그 과정에서 고객에게 집중할 수 없는 문제도 발생하게 된다. 스타트업의 초기 성장에 집중된 에너지를 특허 분쟁에 낭비하는 것은 너무나도 아까운 자원 낭비이다. 스타트업은 방어용 특허 포트폴리오를 구축하여 다른 경쟁사를 공격하는 용도로 사용하지 않고 후발 주자의 진입을 막는 진입장벽으로 활용할 수 있다.

시장의 성공과 카피캣 기업의 등장

시장에서 새로운 기술을 개발한 스타트업은 선두주자로 자리 잡아 1위의 영광을 누리는 것을 꿈꾼다. 창업자는 스티브 잡스가 되기를 꿈꾸고, 배달의 민족의 성공을 동경하며, 유니콘 기업의 영광을 바란다. 새로운 시장을 개척하는 개척자들은 시행착오 과정에서 소모되는 막대한 노력과 비용을 비즈니스 리스크로 감수한다. 하지만 시장은 이러한 노력을 배신하는 일이 흔하다.

새롭게 출시한 제품에 대해 고객들의 반응이 좋아지면 이를 탐내는 경쟁자는 시장에 반드시 등장한다. 경쟁자는 히트제품의 인기를 이용하기 위해 고민하고 그들의 시도는 성공하기도 한다. 전국에 원조보다 더 맛있는 맛집들이 소개되고 있다. 춘천의 닭갈비 골목에는 모두가 원조를 자칭한다.

카피(Copy)와 캣(Cat)의 합성어인 '카피캣(Copycat)'은 새끼 고양이가 어미 고양이의 먹이 사냥 모습을 따라 하는 방식으로 사냥법을 익히는 습성을 말하는 단어이다. 혁신적인 기업이 먼저 시장을 개척할 때까지 기다렸다가 뒤늦게 기술력과 제품을 따라하여 시장 점유율을 확보하는 기업을 말하기도 한다. 스타트업의 입장에서도 새로운 시장을 개척할 것인지 다른 기업이 먼저 만들어 놓은 시장에 뒤늦게 합류해 신제품을 출시할지를 고민하는 것은 숙명과도 같다.

중국기업 샤오미(Xiaomi)는 창업 초기부터 전략적으로 애플의 제품을 모방하며 시장 점유율을 높여왔다. 스티브 잡스의 발표 모습부터 제품의 디자인과 UX/UI까지 어딘가 닮은 제품을 출시하여 톡톡히 재미를 봤다. 시장의 개척자들이 한 고민을 생략하고 에너지를 아꼈다. 그리고 아낀 에너지로 로봇청소기, 미밴드 등으로 독자적인 제품군을 확장하며 자신들만의 영역을 구축했다. 이제는 대륙의 실수가 아니라 자신들만의 팬층을 만들어 나가고 있다.

한국기업 쿠팡(Coupang)도 한국의 아마존을 자청하고 있다. 쿠팡은 아마존의 비즈니스 모델을 벤치마킹하며 성장하였고, 이제는 이커머스, 물류, OTT까지 넘보는 독자적인 생태계를 구축하고 있다. 쿠팡은 미국 아마존에는 없는 당일 배송이 가능한 로켓배송, 쿠팡이츠 등의 서비스를 제공하며, 이제는 쿠팡 없는 세상을 상상할 수 없도록 만들겠다는 자신들의 비전을 현실로 만들고 있다.

모방과 벤치마킹의 위험한 경계선

선발 주자의 제품과 기술을 빠르게 쫓아가는 전략을 '패스트 팔로어(Fast Follower) 전략'이라고 부른다. 퍼스트 무버(First Mover)가 되지 못한 1990년대 삼성 등의 한국 반도체 기업들이 일본의 기술력을 습득하며 빠르게 추격하였다. 이제는 반도체 최강자가 된 삼성전자와 같이 패스트 팔로어의 추격이 끝나면 퍼스트 무버로 변신하면 된다.

"모방은 창조의 어머니다"라는 격언과 같이 모방을 통해 창조적인 아이디어가 탄생하기도 한다. 하지만 벤치마킹이라는 미명하에서 많은 모방이 일어나고 있는 것이 현실이다. 많은 후발 주자들이 선발 주자들의 지식재산권을 침해하여 법적 분쟁에 휘말리고 있다.

후발 주자들은 선발 주자들이 자신들의 사업을 보호하기 위해 획득해둔 특허의 장벽에 부딪힌다. 특허권 이외에도 상표권, 디자인권, 저작권의 벽은 보이지 않는 또 다른 장벽이다. 선발 주자들은 자신들이 쌓아 올린 업적을 지식재산권으로 보호하는 전략을 취한다.

2018년 홍콩 증시 상장 과정에서 밝혀진 문헌에 따르면 샤오미가 3년 동안 지불한 지식재산권 로열티는 10억 달러를 넘었다. 모방과 벤치마킹의 위험한 경계선을 넘나든 대가를 치르고 있다. 샤오미는 최근에도 전 세계적으로 수많은 특허 소송을 계속하고 있으며, 카피캣 기업에게는 항상 법률 분쟁이 기다리고 있다.

"모방은 창조의 어머니다."

– 아리스토텔레스 –

특허는 후발 주자의 시장 진입을 저지하는 바리케이드

샤오미의 사례처럼 카피캣 기업이 오리지널 기업의 제품을 그대로 차용하는 경우에는 상당한 법률적 리스크를 가지게 된다. 모방은 창조의 어머니이지만 법률이 보호하는 경계선을 넘는 것은 허용되지 않기 때문이다.

후발 주자는 제품이나 서비스를 그대로 모방할 수 없다. 특허라는 성벽이 선발 주자를 보호하고 있다. 그렇기 때문에 후발 주자는 특허 침해 가능성을 고려하여 전략적으로 모방하는 전략을 택한다. 성벽의 균열을 확인하고 느슨해진 수비자의 경계 실수를 노린다. 전략적으로 모방의 기술을 활용한다. 선두 주자의 특허문서를 분석하고 이를 회피하기 위해 설계도를 그린다. 인기 제품이나 서비스를 조금씩 변형하게 되는데 모방에도 시간과 노력이 필요하다.

권리자는 특허를 활용하여 후발주자의 시장 진입을 저지할 수 있다. 높은 성벽은 성이 함락되는 시간을 늦출 수 있다. 특허권을 사업의 방어를 위한 바리케이드로 적극적으로 활용하여야 하는 이유이다. 성벽을 이중 삼중으로 쌓아 올리거나 성문을 점검하여 적들의 침입을 막아내기 위한 준비를 하여야 한다. 철저한 수비가 승리를 이끈다.

애플을 모방하여 세상에 이름을 날렸던 샤오미(小米)는 이제 자신들을 따라 하는 후발주자 따미(大米)를 상대로 지식재산권을 행사하고 있다. 카피캣 기업이 자신을 따라 하는 기업을 지식재산권으로 견제하는 형국이다. 이제 지식재산권의 중요성을 깨달은 것은 아닐까? 쿠팡도 국내 온라인 쇼핑몰에서 물류배송, 영상 콘텐츠 등까지 다루는 플랫폼으로 변화를 모색하는 과정에서 고려대학교의 특허 98건을 매입한 것으로 알려졌다. 수백 건 이상의 특허를 출원하며 이커머스 시장을 공략하고 있으며 앞으로 시장에 진입할 후발주자의 시장 진입을 저지하기 위한 준비도 차근차근 진행 중이다.

특허 포트폴리오(Patent Portfolio)를 다양한 관점에서 구축하는 경우에는 경쟁사의 제품 회피설계를 더욱 어렵게 한다. 자연스럽게 특허성벽은 두터워진다. 면도기 회사 질레트는 핵심적인 기술, 파생된 기술, 관련 기술에 대해 종합적으로 특허 포트폴리오를 작성하여 다중날 면도기 시장을 보호한 성공 사례로 평가받고 있다. 특허 전쟁의 승리는 수비로 완성될 수 있을 것이다.

"공격은 관중을 부르고 수비는 승리를 부른다."

– 폴 브라이언트 –

03 특허는 회사의 기술력을 증빙하는 마케팅 자료 - 홍보용 특허

침대는 가구가 아니라 과학입니다

"침대는 가구가 아니라 과학입니다."는 광고 문구는 에이스침대를 1 등 기업으로 만들어줬다. 고객에게 전달하는 강력한 메시지는 기업의 이미지를 형성한다. 제품 기술력은 결국 고객이 느낄 수 있고 고객이 만 족해야 한다. 기업 브랜드의 꽃은 마케팅이다.

다른 제품들과 내 제품을 차별화하는 힘은 제품의 브랜드 가치에서 탄생한다. 우리는 커피 원두의 원산지를 구별하기는 어렵지만 스타벅 스의 초록색 로고는 기억한다. 기업이 가진 기술력이 특허를 통해 고객 에게 전달될 수 있다면 효과적인 마케팅이 된다. 특허 마케팅을 통해 고 객에게 가치를 전달하기 위한 방법을 연구할 필요가 있다.

기존에는 기업들은 분쟁 상황에서 기술을 보호받기 위해 특허를 활

105

용했다. 특허 소송을 대비하는 사업 보험의 역할에 집중한 측면이 크다. 특허심판이나 특허소송의 분쟁 상황을 접하지 못한 기업들은 특허의 중요성을 크게 느끼지 못하게 된다. 투자비용을 회수하지 못한 경영진은 특허를 적극적으로 획득할 유인을 가지지 않게 된다. 특허를 준비하는 과정에서 제품과 서비스를 적극 고려하였다면 기업의 경영활동과 마케팅 활동에서도 특허를 적극 활용하여야 한다.

"가장 좋은 광고는 만족한 고객이다."
- 필립 코틀러 -

스타트업의 마케팅 전략

스타트업이 마케팅을 진행할 비용은 항상 부족하다. CF, 지하철 광고판, 드라마 PPL, 인플루언서 마케팅까지 다양한 채널을 통해 고객을 설득할 수 있지만 예산은 현실을 제약한다. 한정된 예산은 인건비와 임대비로 빠져나가고 몸값 높은 개발자의 섭외로 메말라간다. 마케팅은 후순위로 밀려날 수밖에 없다.

벤처캐피털(VC)이나 엑셀러레이터(AC)는 안정적인 투자비용 회수를 위해 스타트업에게 매출액 지표를 요구한다. 하지만 고객 유치와 마케팅에는 또 예산이 필요하다. 투자를 위해 매출이, 매출을 위해서는 자금이 필요한 상황에 닥친다.

따라서 스타트업의 마케팅 전략에는 효율성이 중요하다. 한정된 예산으로 효과적인 마케팅 방법을 찾아야 한다. 스타트업의 마케팅에서 특허는 한줄기 빛과 같다. 국가라는 보증수표를 활용해 기술력을 강조하여 소비자의 신뢰를 얻어낼 수 있다. 특허를 획득하기 위해 사용한 비용으로 충분하고, 특허 마케팅 비용이 더 필요하지 않다. 특허는 고객과 투자자에게 매력적인 홍보물이며 추가 비용을 들이지 않아도 되는 마케팅 소스이다. 특허를 활용하여 일석삼조의 마케팅 전략을 수립할 수 있다.

특허는 어떻게 홍보자료가 될 수 있을까?

특허는 기술력을 증빙하는 마케팅 자료이다. 특허증은 국가기관이 전 세계에서 유일무이한 기술이라고 판단한 객관적인 자료이기 때문이다. 그렇다면 특허를 어떻게 홍보자료로 활용할 수 있을까?

간단하게는 특허등록번호를 기재하거나 특허 받은 신제품이라는 점을 알려 자연스럽게 고객에게 신뢰감을 주는 전략이 있다. 숙취 해소의 대명사 여명808은 특허등록번호를 캔에 표시하고 있으며, 전 세계에 등록받은 특허라는 점을 마케팅에 활용하고 있다. TV 광고와 인터넷 광고를 가리지 않고 특허를 마케팅에 활용하고 있다. 1년 매출액이 500억 원에 달하는 대전의 명물 성심당도 튀김소보로 포장지에 특허 받은 빵이라는 점을 항상 강조한다. 특허를 통해 고객의 관심을 얻어내고 제품 기술력을 강조하며 마케팅 효과를 극대화할 수 있다.

여명808 (특허 제10-1665584호)	튀김소보로 (특허 제10-1104547호)

특허가 모든 마케팅 고민을 해결해주지는 않는다. 그러나 특허는 기업이 가지는 기술을 차별화하여 상대방에게 신뢰감을 전해주는 힘이 있다. 고객의 기술력에 대한 믿음이 기업의 브랜드 이미지를 변화시킨다. 특허는 경쟁자에게는 창과 방패로 나에게는 강력한 홍보자료가 될 수 있다. 지나친 홍보는 부작용을 가져오겠지만 무료로 활용할 수 있는 좋은 자료를 그냥 두는 것은 마케팅 수단을 하나 버리는 것과 같다.

투자자의 투자 유치에 활용하는 특허

특허문서는 자신이 개발한 기술을 설명하기 위한 문서이기도 하지만 자신의 비즈니스를 설명하기 위한 문서이기도 하다. 제품을 설명하는 과정에서 자연스럽게 사업 내용이 녹아든다. 스타트업은 특허를 사업계

스타트업 특허 바이블

획서나 IR 자료에 활용하여 투자유치에도 활용할 수 있다.

스타트업이 시리즈 A, B, C 등의 연속적인 투자를 유치하는 과정에서 특허는 기술력을 증빙하기 위한 자료가 될 수 있다. 벤처캐피털이나 엔젤투자자의 심사역들은 투자유치를 희망하는 수많은 기업을 만나게 된다. 객관적인 수치나 근거가 없는 기술력 홍보는 역효과를 낳지만, 특허를 보유하고 있다는 객관적인 사실은 투자자의 관심을 사로잡는다. 투자자는 투자대상 기업의 기술력을 확인하기 위해 특허 보유 현황을 확인한다. 특허를 확인하는 것은 간접적으로 기업의 기술 실사를 수행하는 것과 같다. 기업은 국가가 공인한 증빙자료인 특허를 활용하여 IR 자료의 신뢰도를 높이고 경쟁사와 차별화되는 기술력을 강조할 수 있다.

그리고 투자자의 시선은 기업이 보유하고 있는 기술이 비즈니스에 미치는 영향력을 검증하는 것으로 이어진다. 특허 받은 기술이 매출이나 기업의 성장에 기여하지 않으면 특허는 설득력을 잃는다. 특허가 비즈니스의 핵심 기술을 보호하고 있지 않으면 특허의 가치와 비즈니스의 가치는 모두 줄어든다. 그렇기 때문에 투자자에게 매출에 기여하는 제품과 서비스가 특허로 독점하고 보호받고 있다는 점을 설명하여야 한다. 특허를 통한 시장 독점은 수익을 발생시키기 때문에 특허의 속성은 비즈니스에 영향을 미칠 수밖에 없다. 기업의 성장과 투자금 회수를 고민하는 투자자를 설득하는 마케팅 포인트로 특허를 바라보자.

아직 등록받지 않은 특허도 홍보 대상

특허청의 심사를 통과하지 못한 특허도 마케팅 자료로 활용될 수 있다. 출원 상태의 특허도 최종적으로 거절되기 전까지 잠깐이지만 홍보 자료가 된다. 일반적으로 특허권 획득까지 특허출원 후 1~2년 정도의 시간이 소요된다. 특허출원을 한 사실 자체만으로도 합법적인 홍보가 가능하다. 물론 특허심사를 통과한 등록 특허와 동일하게 홍보하면 문제가 될 수 있다는 점을 주의해야 한다.

미국과 달리 한국은 특허출원일로부터 3년간 심사를 청구하지 않은 상태로 유지할 수 있다. 특허 제도의 특징을 잘 활용하여 빠르게 변화하는 비즈니스 트렌드에 맞추어 홍보 기간과 마케팅 방향을 조절할 수 있다.

스타트업 특허 바이블

04 특허는 회사의 현금흐름을 만드는 자산 - 무형자산인 특허

무형자산의 시대가 도래했다

인터넷과 디지털 경제의 성장은 세상을 빠르게 변화시키고 있다. 무형자산은 눈에 보이지 않는, 형체를 가지지 않는 자산을 말한다. 부동산이나 현금처럼 눈에 보이는 유형자산과 비교된다. 미국의 5대 빅테크 기업인 페이스북 · 아마존 · 애플 · 넷플릭스 · 구글(FAANG)을 비롯하여, S&P500 기업들의 기업가치 중에서 무형자산이 대부분의 비중을 차지하고 있다. 1975년 S&P500 기업들의 기업가치에서 무형자산은 17%에 불과했지만 2020년 S&P500 기업들의 기업가치의 90%를 차지할 정도로 중요성이 커졌다. 무형자산의 시대가 도래하였다.

무형자산의 종류는 영업권과 지식재산권으로 나뉘는데, 이 중에서도 지식재산이 기업가치의 상당 부분을 차지한다. 기업의 브랜드 가치, 연

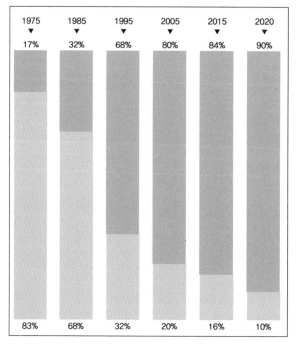

출처: 오션토모(2020)

구개발 성과, 소비자 데이터, 소프트웨어, 특허 등의 지식재산이 기업의
자산가치를 결정하게 되었다. 제3의 물결을 통한 정보통신(ICT) 기술
이 보급되며 산업의 구조를 바꾼 것이다. 4차 산업이 본격적으로 성장
하면서 이러한 산업 트렌드는 지속될 것으로 보인다.

특허는 어떻게 기업의 자산이 되는가?

특허를 획득한 경우 받게 되는 특허증은 권리의 탄생과 같다. 기업의 성장을 위해서는 특허의 자산가치를 지속적으로 활용하여 비즈니스에 투영해야 한다. 연구개발에 참여한 연구원들의 노력, 기업의 노하우, 경영 전문가들의 컨설팅, 변리사들과의 협업 등으로 특허가 탄생한다. 이들의 노력과 성과의 집약체인 특허의 가치는 기업가치에 반영된다.

특허를 창출하기 위해 투입된 비용, 특허로 얻을 수 있는 수익, 상대방에게 우리의 기술력을 보여주는 마케팅적 가치, 시장을 독점하는 것에서 오는 프리미엄 등이 모두 특허의 자산가치이다. 보이지 않는 가치들이 합쳐서 특허의 가치를 정의한다. 눈에 보이지는 않지만 특허가 주는 힘은 실체가 있다. 그리고 특허의 가치는 장부에서 끝나지 않고, 현실의 비즈니스에 적용되어야 한다.

2021년 지식재산 금융의 누적 규모가 6조 원을 넘으면서 특허를 활용하여 사업 자금을 융통하는 것이 점차 대중화되고 있다. 2017년 약 6천억 원에 불과했던 지식재산의 규모는 2021년 약 2조 5천억 원에 달할 정도로 급격한 성장세를 이어나가고 있다. 금융권으로부터 특허를 담보로 대출이나 투자를 받을 수 있는 지식재산 금융이 주목받고 있다. 특허와 비즈니스의 관련성이 높고, 매출액 기여도가 높을수록 높은 특허 가치를 인정받게 된다.

특허청 발표 자료에 따르면, 2021년에는 지식재산 담보대출은 1조 508억 원, 지식재산 보증은 8445억 원, 지식재산 투자는 6088억 원으로 전체 지식재산 금융시장의 누적 잔액은 6조 90억 원에 이르고 있다.

그림 5∥ IP 금융 규모 (2017~2021, 신규공급 기준)

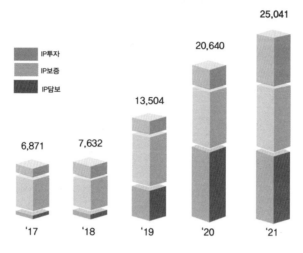

출처: 특허청(2022)

표 2∥ IP 금융 규모 (2017~2021, 신규공급 기준)

구분	2017년	2018년	2019년	2020년	2021년
IP 담보대출	866	884	4,331	10,930	10,508
IP 보증	4,930	4,872	7,240	7,089	8,445
IP 투자	1,075	1,876	1,933	2,621	6,088
합계	6,871	7,632	13,504	20,640	25,041

(단위: 억 원)

담보대출을 통한 현금흐름 확보

장롱 속의 특허는 쓰이지 않는 예금통장의 잔액과도 같다. 굴리지 않는 돈은 인플레이션이 오면서 서서히 가치를 잃어간다. 무형자산인 특허도 적극적으로 기업의 현금흐름 확보에 사용되어야 한다. 특히 최근에는 정부 차원에서 기업이 특허를 활용하여 자금을 융통하는 것을 장려하고 있다.

하지만 모든 특허에 가치가 인정되는 것은 아니다. 특허에 반영된 기술이나 제품이 매출액에 기여하여야 한다. 현재의 매출이 없더라도 미래의 매출에 기여하게 된다는 점이 설득되어야 한다. 특허의 가액을 산출하는 과정에서 사업의 내용이 중요하게 고려된다. 특허의 객관적인 가치평가를 진행하여 무형자산의 가치를 정량적으로 평가하고 이를 기초로 스타트업에게 부족한 자금을 융통할 수 있다. 특허의 가치에 기반하여 금융권으로부터 담보대출이나 보증대출을 받는다.

기술보증기금이나 신용보증기금은 기술과 특허를 모두 실사하여 보증서를 발급하고 있다. 보증기관이 발급한 보증서를 활용하면 낮은 금리로 자금을 확보하거나 보증서를 연구비 지원에 활용하는 등 혜택이 많다. 획득한 특허에 자신이 있다면 적극적으로 문을 두드려 보길 바란다. 이외에도 다양한 금융기관에서는 지식재산을 담보로 대출을 진행하고 있다.

현물출자를 통한 현금흐름 확보

획득한 특허권을 현물로 인정받아 기업의 자본금을 늘리거나 기업의 자산 계정에 포함시킬 수 있다. 기업이 보유한 토지, 건물 등을 출자하여 주식을 배정받는 것과 비슷한 방식이다. 특허 가치평가를 수행한

후 법원의 승인을 받게 되면 최종적으로 등기를 하여 특허권 현물출자를 수행할 수 있다. 이 경우 특허권은 기업명의가 아닌 개인명의로 되어 있어야 한다.

특허권 현물출자를 통해 기업의 자본금을 증자할 수 있고, 출자한 대표이사는 기업에 대한 지분비율을 더 확보할 수 있으며, 법인세 절감을 위해서도 활용할 수 있다. 특허는 기업과 대표 모두에게 이익이 된다. 획득한 특허권을 경쟁사와의 경쟁에 쓰는 것이 아니라 회사의 이익이 되도록 적극적으로 활용하는 것도 특허 경영의 관점에서는 권장하는 방법이다.

05 특허는 각종 지원사업을 위한 가점 사항 - 지원사업용 특허

닭이 달걀보다 먼저일 수 있다

닭은 달걀을 낳고 알에서 병아리가 나온다. 병아리는 성장하여 닭이 되고 또 달걀을 낳는다. 세상 최대의 난제이다. 기업은 연구개발의 결과물로 특허를 탄생시키고, 이를 통해 얻은 수익은 기업을 성장시키며, 또 다른 연구개발의 결과물을 만들어 낸다. 기업의 성장 과정은 닭의 성장 과정과도 많이 닮았다.

기업 성장의 순환 고리에서도 순서가 바뀔 수 있다. 기업의 성과로 특허가 만들어지는 것이 아니라 특허를 먼저 활용하여 기업의 성장 동력으로 만드는 것이다. 특허를 활용하여 지원사업을 통과하고 이를 통해 다시 기업을 성장시켜 기술을 개발할 수 있다. 특허 활용과 기업의 성장은 선순환의 관계를 가진다.

특허를 정부 지원사업에 활용하기 위한 방법

자금이 부족한 스타트업은 정책자금을 활용해 성장의 동력을 얻을 수 있기 때문에 가능하다면 지원사업을 적극적으로 활용할 필요가 있다. 사업에 지원하는 과정에서 특허는 유용한 자원이다. 정부의 지원사업을 신청하는 과정에서도 특허는 가점사항으로 사용되고 사업의 지원 요건을 만족시키기 위해 사용될 수 있다.

창업진흥원이나 중소벤처기업부에서 지원하는 창업패키지 사업이나 R&D 연구지원 사업에서 특허를 보유한 기업과 보유하지 않은 기업의 점수는 당락을 가를 정도로 변별력이 있다. 벤처기업 인증이나 이노비즈 인증을 수행하는 과정에서 기술력을 증빙하는 용도로 특허를 활용할 수 있다. 획득한 인증서를 활용하여 또다시 세제 혜택이나 지원사업에 활용하는 선순환의 고리를 만드는 전략 수립이 필요하다. 이외에도 신기술 인증, 신제품 인증, 조달우수 제품 등의 인증 과정에서 특허를 활용할 수 있다.

또한 이미 특허를 보유하고 있는 스타트업은 추가적인 특허를 창출하기 위해 다양한 R&D 연구지원사업에 참여할 수 있다. 예를 들어, '중소기업 R&D 연계 IP-R&D 전략지원사업'에 참여하는 경우에는 특허 보유 현황(기업의 최근 3년간 특허출원 현황), 특허 전담인력 현황(인력의 수, 교육 이수 현황) 등을 반영하여 지식재산 역량을 평가하고 있다.

이외에도 다양한 정부 지원사업에서 특허출원의 수, 보유한 특허권의 수를 가점사항으로 반영하는 경우가 많으므로 정책자금을 지원하기 전 최소한의 특허를 확보해둘 필요가 있다.

06 특허 빅데이터를 활용한 시장분석 - 특허맵

권리를 가지려는 자, 자신의 기술을 공개하라

"공짜 점심은 없다"는 경제학의 명언은 특허 제도에도 적용된다. 특허권자는 경쟁사가 해당 기술을 사용하지 못하도록 권리를 행사할 수 있다. 하지만 특허를 가지기 위해서는 자신의 기술을 경쟁사를 비롯한 만인에게 기술을 공개하여야 한다. '특허권'이라는 점심을 획득하기 위해 '자신의 기술 공개'라는 비용을 지불하여야 한다. 전 세계에 내 기술을 공개해야 권리를 가진다.

기업들은 최소한의 기술만을 공개하고 최대한의 권리를 획득하려고 노력하지만 어쩔 수 없이 자신들의 기술이 외부에 노출되는 것은 숙명과도 같다. 기술 공개에 따른 손실을 따져 특허를 획득하지 않는 것도 전략이다. 하지만 시장을 독점하는 힘을 가진 특허는 매력적인 옵션이기 때문에 대부분의 기업은 기술을 공개하고 특허를 획득한다.

특허 빅데이터는 누구에게나 무료로 제공되는 오픈소스

경쟁사 분석과 시장 분석은 필수적인 경영 전략으로 자리 잡고 있다. '다른 기업들은 어떻게 하고 있을까?'라는 단순한 질문에서 나아가 경쟁사의 강점과 약점을 분석하여 자사의 경쟁력을 확보할 수 있다. 특허 빅데이터는 기업의 경쟁사 분석과 시장 분석에 활용되는 공공 데이터이다. 세계 각국은 특허를 받기 위해서는 반드시 자신들의 기술을 공개하도록 강제하는 '출원공개 제도'를 채택하고 있기 때문에 누구나 손쉽게 특허 빅데이터를 확인할 수 있다. 그 결과 전 세계에서 연간 300만 건 이상의 특허 빅데이터가 공개되고 누적 데이터는 약 4억 건이 넘는다.

공개된 특허문서는 전 세계 누구나 볼 수 있어 경쟁사를 분석하는 데 유용한 자료가 된다. 경쟁사 분석과 시장 분석에 사용되는 특허문서는 양질의 보고서와도 같다. 권리자가 자신의 기술의 내용을 스스로 정리해서 대중에게 공개한 오픈소스이기 때문이다. 특허 빅데이터를 분석하여 경쟁사의 연도별 기술 흐름, 분포를 확인하고 경쟁사의 약점을 발견할 수 있다.

합법적으로 경쟁사의 기술 트렌드를 파악하는 지도

LG 에너지솔루션과 SK 이노베이션 사이에서 영업비밀 침해 사건은 약 2조 원의 합의금을 지급하며 마무리되었다. 법적으로 보호되는 경쟁사의 영업비밀을 획득하는 것은 달콤한 유혹이지만 상당한 리스크를 가지고 있는 위험한 전략이다. 경쟁사의 제품을 구매하여 분해하는 '리버스 엔지니어링(Reverse Engineering)'으로 경쟁사의 기술을 분석하는 것도 하나의 방법이다.

경쟁사의 기술 트렌드를 파악하는 더욱 효과적인 방법은 경쟁사가 자신의 기술 내용을 스스로 작성하여 공개한 특허공보를 확인하는 것이다. 데이터 마이닝을 통해 특허문서에 포함된 정보를 추출할 수 있다. 합법적으로 경쟁사의 기술 내용을 분석하고 트렌드를 파악하는 과정을 거친다. 기업의 밸류체인에서 기술 요소별로 경쟁사의 특허를 분석하여 하나의 지도를 완성하게 된다.

경쟁사의 기술과 특허를 분석하는 방법

경쟁사의 기술과 자사의 기술을 완성된 지도에 두고 비교하게 된다. 자신의 말과 상대의 말을 체스판 위에서 바라보며 상대의 다음 수를 조금 더 정확하게 예측할 수 있다.

예를 들어 반도체 공정에서 '웨이퍼 제조 - 산화/증착 - 연마 - 세정 - 포토 - 식각 - 배선 - 패키징'으로 이어지는 밸류체인에서 경쟁사와 자사의 위치를 우선 확인할 수 있다. 에칭(ethcing)이라고도 불리는 '식각 공정'은 웨이퍼의 표면을 가공하는 방법이다. 물리적으로 웨이퍼를 자를 수 있지만 용액에 담그거나 용액을 뿌려 화학적으로도 웨이퍼를 가공할 수 있다. '식각 공정'에 사용되는 다양한 기술 요소를 범주화하여 정리하면서 기술을 분류한다.

특허를 일정한 기준으로 분류한 다음에는 경쟁사가 획득한 특허를 정량적, 정성적으로 분석하여야 한다. 특정 기술 분야에 경쟁사의 기술이 집중되어 있다는 점을 확인할 수 있다. A 기업이 '산화/증착'과 관련한 특허를 수백 개 보유하고 있으나, '연마'와 관련한 특허를 보유하지 않고 있다면 경쟁사의 기술 공백이 된다. B기업이 '세정'과 관련한 기술을 보유하고 있다면 기술의 변화를 추적하며 기술 트렌드를 파악할 수 있다. 이렇게 분석한 데이터는 경쟁사의 시장 내 위치, 경쟁사의 강점과 약점, 경쟁사의 기술 공백, 경쟁사의 신사업 방향성, 기술 트렌드 등을 이해하기 위한 기초 자료가 된다.

전 세계적으로 연간 수백만 건의 특허출원이 지속될 정도로 방대한 특허 데이터가 누적되고 있다. 정보의 홍수 속에서 경쟁사의 기술 트렌드를 포착하고 활용하는 능력은 이제 연구개발과 사업의 성패를 가르는 핵심이 될 것이다.

스타트업 특허 바이블

07 특허를 활용한 로열티 수익 창출 - 특허 라이선스 계약 ────────

내 권리를 사용하는 대가, 로열티 수익

우리는 물건을 구매하고 이용하기 위해서 그에 상응하는 대가를 지불한다. 넷플릭스와 같은 콘텐츠 서비스에도 비용을 지불한다. 영화를 시청하는 비용과 플랫폼을 이용하는 비용이 서비스 비용에 녹아 있다. 우리가 지불한 정당한 비용은 창작자와 권리자에게 전달된다. 서비스에 대한 대가는 시장을 움직이게 하는 원동력이 된다.

우리는 물건을 직접 구매하지 않고 일정 기간 동안 물건을 빌려 사용하는 대여 계약을 맺기도 한다. 자유로운 계약이 시장에 활력을 불어넣는다. 부동산을 수년간 임대하여 사용하거나 자동차를 며칠 동안 빌렸다 반납하는 방법으로 계약의 자유를 누릴 수 있다.

특허권도 자유롭게 활용할 수 있는 재화이다. 다른 사람에게 권리 사용을 허락하여 수익을 얻을 수 있다. 원천 기술을 확보하기 어려운 기업은 기술을 사용하는 대가를 지불하고 활용하는 자유로운 계약을 체결하는 것이 바람직하다. 기술을 스스로 개발하는 비용보다 권리를 빌려 쓰는 비용이 경제적이다. 특허권자는 '라이선스(License) 계약'을 통해 자신의 권리를 제3자가 사용할 수 있도록 허락하고, 사용자는 '로열티(Royalty)'라는 비용을 지불하는 수익 모델을 수립할 수 있다.

"대가를 지불하지 않아도 되는 일은 아무런 가치가 없다."

– 알베르트 아인슈타인 –

특허법이 인정하는 합리적인 수익모델 – 라이선스 계약

특허권자는 자신의 발명을 독점적으로 실시할 수 있다. 그리고 타인이 특허발명을 사용하는 것을 금지할 수도 있다. 제3자는 권리자의 발명을 사용하기 위해서는 라이선스 계약을 통해 정당한 사용 권한을 획득하여야 한다. 대가를 지불하지 않는 사용자는 법적인 책임이 뒤따른다.

기업 A가 10년간 연구개발(R&D)하여 새로 개발한 얼음 정수기를 시장에 출시하려고 준비 중인 경우를 가정해 보자. 제품 출시 전에 가장 먼저 준비해야 하는 것은 특허권을 획득하는 것이다. 제품이 공개되는 순간 경쟁사의 추격이 시작되고 역설계를 통해 제품이 노출된다. 다양한 카피 제품들이 등장하기 시작한다면 시장을 독점할 수 없다. 경쟁사들의 추격을 저지할 수 있는 무기는 적극적인 특허권 행사이다.

후발 주자인 기업 B는 민형사 분쟁을 우려하여 비슷한 제품의 출시 계획을 중단하거나 제품 콘셉트를 바꾸어야 한다. 또 다른 기업 C는 기업 A의 기술과 비슷한 기술을 스스로 개발하는 것은 시간과 비용의 낭비라고 판단하였다. 기업 B와 C가 선택할 수 있는 선택지는 무엇일까?

후발 주자들에게는 사업을 포기하거나 일정한 사용료를 지급하고 마케팅이나 사업 운영에 사업 역량을 집중하는 선택지가 남아 있다. 라이선스 계약을 체결한 사용자는 사용료를 지불하여 기술 개발과 법적 분쟁에 소요되는 시간과 비용을 줄일 수 있고, 권리자는 자신이 기술을 사용하지 않더라도 일정한 수익을 얻을 수 있다.

라이선스 계약의 종류는 2가지 – 전용실시권과 통상실시권

특허법은 '전용실시권 계약'과 '통상실시권 계약'의 두 가지 유형의 라이선스 계약을 인정하고 있다. '전용실시권'은 해당 특허에 대한 실시 권한을 독점적으로 획득하는 것이고, '통상실시권 계약'은 해당 특허에 대한 실시 권한을 비독점적으로 획득하는 것이다.

기업 A는 '통상실시권 계약'을 통해 제품 X를 제조할 권한을 기업 B, 기업 C 등과 같이 여러 기업에게 부여할 수 있다. 기업 B와 기업 C가 시장에서 경쟁하게 된다. 시장의 지형을 변경시키는 재량은 특허를 가진 기업 A에게 있다. 만약 기업 B나 기업 C가 자신이 제품 X의 실시 권한을 독점하고 싶다면 '전용실시권 계약'을 체결하여야 한다.

원천 기술을 가진 다국적 기업들은 국가별로 독점적인 권한을 행사할 실시자를 찾고 있는 것도 위와 동일한 맥락이다. 기술을 독점하는 힘을 가진 특허권자는 사업 파트너를 자유롭게 선정할 수 있다. 특허가 제공하는 시장 통제의 재량권이다. '전용실시권'을 가진 전용실시권자는 통상실시권자보다 많은 권한을 가지게 되지만 라이선스 비용이 증가한다. 잠재적인 경쟁자가 지불하는 비용을 스스로 부담해야 하기 때문이다. 특허 라이선스가 필요한 기업은 시장 상황과 기업의 상황을 고려하여 '전용실시권'과 '통상실시권' 중에서 적절한 계약의 유형을 선정할 필요가 있다.

라이선스 계약의 핵심과 세부 조건

특허법은 라이선스 계약을 통한 수익모델을 제공하고 있지만 세부적인 계약 내용은 당사자가 자유롭게 정할 수 있다. 특허권자에게 형식과 내용에 제한되지 않는 완전한 자율성이 제공된다. 계약자유가 원칙에 따라 양 당사자가 자유롭게 계약 내용을 정하면 된다.

라이선스 계약을 체결하는 당사자는 실시권 설정 대상이 되는 '특허권'이 무엇인지, 계약상 실시권자가 실시할 수 있는 '실시 내용'이 무엇인지, 실시권을 설정하고 지급하여야 하는 '실시료'가 얼마인지 고려하여야 한다. 물론 수많은 제약조건을 두거나 창의적인 계약 내용을 작성하는 것도 허용된다. 분쟁해결 방안, 비밀유지의무(NDA), 기술이전(TT), 이외에 각 당사자의 의무와 권한 등에 관한 조항들은 라이선스 계약의 규모와 당사자들의 관심 사항에 따라 달라진다. 약식 계약서는 한 페이지로 작성될 수 있지만, 수십 내지 수백 페이지의 세부 조건을 반영한 계약서를 작성하는 경우도 많다.

스타트업 특허 바이블

1) 실시권 설정의 대상이 되는 '특허권'

실시권자가 라이선스 계약을 체결하는 목적은 다양하다. 내가 이 기술을 사용하여 발생할 수 있는 특허권을 침해 분쟁을 방지하기 위한 목적을 가질 수 있다. 스스로 핵무장을 하지 않고도 핵보유국으로부터 핵우산을 제공받는 전략이며 비용의 대가로 분쟁을 예방하는 등가교환이다. 라이선스 계약을 통해 기술을 이전받는 것을 약정하거나 경영상의 이유로 서로의 기술을 공유하기 위해 계약을 체결하기도 한다.

기업 A가 가지고 있는 얼음 정수기 기술에 대한 특허는 하나가 아닐 수 있다. 여러 특허가 모여 하나의 그룹이 되는 특허 포트폴리오에서 실제 사업에 필요한 특허를 선별하게 된다. 기업 A가 가진 특허가 '유입수의 불순물을 제거하는 필터 기술'에 대한 특허, '얼음과 냉수를 분리하는 기술'에 대한 특허, '원하는 형상으로 제빙하는 기술'에 대한 특허라면 이 중에서 실제 사업에 필요한 기술에 따라 계약의 대상이 달라진다. 필터 사업을 하는 회사는 필터 기술에 대한 특허를 선정하면 되고, 제빙 기술이 필요한 회사는 얼음의 형상을 다루는 특허만 선정하면 충분하다. 그렇기 때문에 계약을 체결하는 당사자들은 실시하고자 하는 특허의 권리 내용이 무엇인지 면밀히 살펴보여야 한다.

2) 실시권의 권한을 정의하는 '실시 내용'

특허법은 발명을 실시하는 유형을 정의하고 있다. 실시권자는 어떤 제품을 '생산'하기 위한 권한만을 가질 수 있고, 생산한 제품을 '사용'하거나 '양도'하는 권한까지 가질 수 있다. 수입업자라면 제품을 '수입'하는 권한이 필요하다. 이렇게 라이선스 계약에서는 실시권자의 실시 권한의 범위를 구체적으로 설정하여야 한다. 막연히 모든 실시 권한을 요구하다가는 불필요한 라이선스 비용을 지출하게 된다.

권리자와 실시자의 사업 영역이 중첩되는 경우에는 특정 사업 영역에만 실시권 범위를 제한할 수 있다. 권리자는 자신의 잠재적인 경쟁자를 만들 이유가 없기 때문이다. 이와 반대로 실시권자에게 전면적인 권한을 인정할 수도 있다. 기술은 개발하였지만 사업 역량이 좋은 기업에게 권한을 일임하여 시너지를 얻는 전략적인 의사결정을 할 수 있다. 정부기관이 가지고 있는 특허권을 실시하기 위해서는 '특정 사업 및 이와 관련한 후속사업'으로 실시 내용이 정의되기도 한다.

특허권은 출원일로부터 20년까지 권리를 인정받을 수 있다. 특허의 수명은 영원하지 않다. 라이선스 계약도 특허의 예상 수명을 고려하여 이루어진다. 어떤 실시권자는 특허권의 존속 기간에 대응하여 라이선스 계약을 체결할 수 있다. 다른 실시권자는 기술의 트렌드와 수명을 고려하여 일정한 기간을 두고 계약을 갱신, 파기하는 방법으로 옵트아웃(Opt-out) 조항을 추가할 수 있다. '실시 내용'의 구체적인 내용은 당사자의 목적과 상황에 따라 자유롭게 협의될 수 있다.

3) 실시에 대한 대가를 정의하는 '실시료'

특허권을 활용하고자 하는 실시권자는 특허권자에게 '실시료'를 지급한다. 로열티라고 불리기도 한다. 실시료를 지급하는 방식도 다양하다. 일시금을 한 번에 지급하거나, 매달 또는 매년 일정한 금액을 지급하는 방식을 선택할 수 있다. 일시금을 지불하며 전체 로열티 규모를 낮출 수 있고, 현금이 부족한 기업은 러닝 개런티의 형식으로 실제 매출에 비례하여 로열티를 지불할 수 있다. 특허의 실시 기간과 예상 수익을 비교하여 각자에게 유리한 방법을 선택하면 된다.

매출액이 아닌 영업이익 등의 수익금을 기준으로 로열티를 산정하는 경우 이익 산정 방식에 따라 분쟁 가능성이 높기 때문에 조금 더 객관적인 지표인 매출액을 기준으로 실시료를 산정하는 것이 일반적이다. 가령 기업 B가 판매하는 제품의 매출액의 3%를 기업 A에게 로열티로 지급하는 방식으로 계약을 체결할 수 있다. 기술 분야, 시장 규모 등의 사업의 특성에 따라 로열티율은 1~10% 내외에서 유동적으로 정해지고 있다.

최근 쿠션 팩트 특허의 실시료를 지급하였던 국내 화장품 제조사의 분쟁 사례처럼 실시권의 대상이 된 특허가 무효가 되거나 분쟁의 대상이 될 수 있으므로 '권리의 안정성' 측면을 고려하여 실시료 반환 조건이나 세부 조건을 협의할 필요가 있다.

08 특허를 활용한 상생기업 구축과 세제 혜택 - 직무발명

직무발명보상금을 활용한 기업과 직원의 상생

상생의 가치가 주목받는 시대이다. 대기업과 중소기업, 기업과 직원의 동반 성장은 슬로건에서 그치지 않고 ESG 시대의 경영 가치로 각광받고 있다. 시대의 변화에 발맞춰 직무발명 보상금 제도는 기업과 직원이 상생하는 촉매제가 된다. 직무발명 보상 제도는 직무상 발명에 기여한 직원에게 금전적 보상을 제공하는 제도이다. 직무발명을 활용하여 수익을 얻는 것은 기업이기 때문에 아이디어를 제공한 직원에게 정당한 보상을 하도록 강제한다.

직무발명 보상 제도는 직원의 근로 의욕 고취에서 끝나지 않는다. 직원은 비과세 혜택을 누릴 수 있고, 기업은 R&D 비용으로 세액공제를 받을 수 있다. 기업과 직원 모두에게 절세 효과라는 금전적 인센티브가 제공된다. 근로자는 직무발명 보상금에 연 500만 원까지 비과세 혜택을 받을 수 있고, 회사는 법인세 세액공제를 받을 수 있다. 발명가의 영감은 자연에서 나오기도 하지만, 금전적 보상이 숨어 있던 창의력을 만들어 내기도 한다.

직무발명이란 무엇일까?

'직무발명'은 회사 재직 당시의 직무 범위에 속하는 발명을 의미한다. 직원이 월급을 받았더라도 아이디어를 제안하거나 연구 성과를 만들어 내기까지는 많은 노력이 든다. 그렇기 때문에 직무 범위에 속하는 발명에 대해서는 '직무발명'이라는 이름으로 성과를 별도로 보상받을 수 있도록 규정하고 있다. 회사는 직원이 한 발명에 대해서 정당한 보상금을 지급하고 승계를 하거나 사용 권한을 인정받아 비즈니스에 활용할 수 있다.

법률상 직무발명은 세 가지 요건을 모두 충족시켜야 한다. 첫째, 직원이 자신의 직무에 관하여 발명한 것이어야 한다. 직원이 개인의 취미로 직무와 관련이 없는 발명을 하는 경우에는 직원의 고유의 자산이 된다. 회사는 직원의 자유발명과 직무발명을 별도로 취급하여 관리하여야 한다. 둘째, 발명이 성질상 회사의 업무 범위에 속하여야 한다. 셋째, 그 발명을 하게 된 행위가 종업원의 현재 또는 과거의 직무에 속하는 발명이어야 한다. 직원이 연구 성과를 알리지 않고 퇴사하더라도 이전 회사의 직무발명이 됨을 주의할 필요가 있다.

직무발명 보상금의 유형

직무발명의 요건을 만족하는 경우에는 회사(사용자)는 반드시 직원(발명자)에게 직무발명의 대가로 보상금을 지급하여야 한다. 회사는 직무발명의 대가로 인사고과 반영, 유학 등의 비금전 보상금을 제공할 수 있으나, 일반적으로는 금전적인 보상을 제공한다.

발명진흥법은 '종업원은 직무발명에 대하여 특허를 받을 수 있는 권리나 특허권을 계약이나 근무규정에 따라 사용자에게 승계하게 하거나 전용실시권을 설정한 경우에는 정당한 보상을 받을 권리를 가진다'라고 규정하여 발명자의 보상권리를 법적으로 강제하고 있다.

직무발명 보상금을 지급하기 위한 '보상형태'와 '보상액'을 결정하기 위한 기준과 지급방법 등은 각 회사별로 차이가 있지만, 일반적으로 출원 보상금, 등록 보상금, 출원 유보 보상금, 실시 보상금, 처분 보상금과 같은 유형으로 보상금을 구분하여 단계별로 지급하고 있다.

A. 출원 보상금: 회사가 직무발명을 특허출원하였을 때 지급하는 보상금

B. 등록 보상금: 직무발명을 특허출원한 이후, 특허심사를 통과하여 특허등록이 되었을 때 지급하는 보상금

C. 출원 유보 보상금: 직무발명을 특허출원하지 않고 유보하는 경우나 특허출원을 취하·포기하는 경우에 지급하는 보상금

D. 실시 보상금: 직무발명을 직접 실시하여 회사에 수익이 발생하는 경우 지급하는 보상금

E. 처분 보상금: 직무발명을 제3자에게 양도하거나 라이선스 계약을

체결하여 회사에 수익이 발생하는 경우 지급하는 보상금

보상금을 받는 사람(발명자)의 비과세 혜택 - 연 500만 원의 비과세 혜택

발명자가 회사로부터 다양한 종류의 직무발명 보상금을 받게 되는 경우 연 500만 원 이하의 범위에서 비과세 혜택을 누릴 수 있다(소득세법 제12조 제3호 어목, 동법 시행령 제17조의3). 기존에는 비과세 범위에 제한이 없었지만 2017년 비과세 혜택 범위가 300만 원으로 제한되었다가 2019년에는 비과세 혜택 범위를 500만 원으로 조정하였다. 직무발명 보상금을 절세 전략으로 활용할 수 있다.

직무발명 보상금에 대해 500만 원 이하의 금액에서는 비과세 혜택을 누릴 수 있지만 500만 원을 초과하는 직무발명 보상금에 대해서는 기타 소득으로 분류되고 있다는 점을 주의해야 한다(소득세법 제20조, 제21조). 대표이사, 이사, 감사, 임원 등도 종업원의 지위에서 직무발명을 하게 되면 보상금을 받을 수 있다는 점이 특징이다.

보상금을 지급하는 사용자(회사)의 비과세 혜택 - R&D 세액공제

회사가 직원에게 직무발명 보상금을 제공한 경우에는 회사도 혜택을 받는다. 직무발명 보상금으로 지출한 비용의 일부를 연구개발(R&D) 비용으로서 세액공제를 받을 수 있다. 국세청은 직무발명 보상금을 조세특례제한법의 세액공제 대상이 되는 연구 · 인력개발비로 인정하고 있다.

예를 들어 신성장 · 원천기술 연구개발비에 대해서 중소기업은 보상금 지출 비용의 30%, 중견기업 및 대기업은 보상금 지출 비용의 20%까지 세액을 공제받을 수 있다(조세특례제한법 제10조). 법인과 개인사업자 등 회사의 상황에 따라 세액공제 금액은 다소 상이할 수 있으므로 구체적인 사항은 세무 전문가와 상담을 진행하여야 한다.

직무발명 보상금 제도는 회사와 직원에게 모두에게 도움이 되는 제도이다. 발명자와 회사의 입장에서 직무발명 보상금 제도를 잘 활용하여 절세와 직무발명 보상 우수인증 기업의 혜택을 모두 누릴 수 있다면 금상첨화이다.

09 특허를 활용한 기업가치 향상 - 특허가치평가

보이지 않는 자산의 가치를 평가하다

가치투자의 대가인 워렌 버핏은 "가격(Price)은 당신이 지불하는 것이고 가치(Value)는 당신이 얻는 것이다"라고 하여 가격과 가치의 차이점을 설명한다. 가격은 시장에서 매수자와 매도자가 합의에 이루어 거래가 이루어지는 액수를 의미한다. 가격은 수요와 공급에 따라 결정되는 균형점이다.

가격과 달리 물건의 가치는 쉽게 드러나지 않는다. 가치라는 추상적 관념은 판매자와 구매자의 시선의 불균형을 만들어 낸다. 판매자와 구매자는 같은 대상을 서로 다른 가치로 바라보기도 한다. 판매자가 물건이 높은 가치를 가지고 있다고 판단한다면 높은 가격으로 판매할 가능성이 높지만, 물건을 빨리 판매하고 재투자를 하거나 대출금을 상환하려는 다른 외부 상황이 있는 경우 물건의 실제 가치보다 낮은 가격으로 물건을 판매하게 된다. 이와 같이 주변의 다양한 상황에 따라 물건이나 기업의 실제 가치(Value)와 매매 가격(Price)이 달라질 수 있다.

투자자들의 입장에서는 스스로 판단한 기업의 실제 가치보다 주가가 낮다고 판단하는 경우에 주식을 매수하고, 기업의 실제 가치보다 주가가 높은 경우에 매도하여 투자 수익을 올릴 수 있게 되는 것과 같은 이치이다. 정가가 없는 물건은 가치에 대한 해석에 따라 서로 다른 거래 가격을 만들어 낸다.

기업이나 지식재산과 같이 눈에 보이지 않는 자산을 거래하기 위해서는 시장 가격에만 의존할 수 없다. 무형자산에 대한 가치를 정확하게 평가할 필요가 있다. 객관화된 무형자산의 가치를 기업의 가치에 반영하기 위한 노력이다.

> "가격(Price)은 당신이 지불하는 것이고, 가치(Value)는
> 당신이 얻는 것이다."
>
> – 워렌 버핏 –

기업의 가치(Value)를 추정하는 방법 – 기업 가치평가

기업의 가치평가 방법은 특허의 가치평가 방법과 비슷한 측면이 있다. 눈에 보이지 않는 기업가치를 추정하는 다양한 방법이 제안되었다. 대표적으로 기업의 자산가치를 기준으로 평가하는 방법, 기업의 수익가치를 기준으로 평가하는 방법, 동종업계에서의 상대적 가치를 기준으로 평가하는 방법이 널리 활용되고 있다.

1) 기업의 자산가치를 기준으로 평가하는 방법

기업의 자산가치를 기준으로 평가하는 방법 중 하나인 '장부가액 평가방법'은 기업의 장부가치(Book Value)를 평가하는 것이다. 회계 장부를 신뢰하고, 기업의 자산 항목에서 부채를 뺀 자본(Equity)을 기준으로 기업의 가치를 판단한다. 기업의 이익이 자본에 반영됨을 전제로 하는 것으로 계산이 간편하지만, 장부에 기재된 자산들(예: 재고자산 등)이 실제 가치를 반영하는지에 대해서 정확한 진단이 필요하다.

2) 기업의 수익가치를 기준으로 평가하는 방법

'현금흐름 할인법(DCF: Discounted Cash Flow)'은 기업의 현금흐름을 예측하여 기업의 가치를 평가하는 방법이다. 기업이 발생시킬 현금흐름을 종합하여 현재가치로 환산한 것을 기업의 가치로 추정한다.

A라는 기업이 2021년 1억 원, 2022년 2억 원, 2023년 3억 원, 2024년 4억 원의 이익을 낼 것으로 예측되는 경우 A기업이 4년간 얻게 될 수익은 이들의 총합인 10억 원이다. 하지만 물가 상승률을 고려하면 4년 뒤의 4억 원의 가치는 지금의 4억 원의 가치와 다르기 때문에 미래가치를 현재가치로 환산할 필요가 있다. 미래가치와 현재가치의 불균형을 할인율로 보상한다. 위와 같은 방식으로 기업이 미래에 얻게 될 이익을 현재가치로 환산한 총합(NPV: Net Present Value)을 기업의 가치로 인정할 수 있다.

3) 기업의 상대적 가치를 기준으로 평가하는 방법

평가대상 기업이 비상장 기업 등과 같이 정확한 절대가치를 평가하기 어려운 경우에는 '상대적인 가치'를 비교하여 가치를 산정할 수 있다. 불완전한 세상을 조금 더 객관적으로 바라보기 위한 시도이자 모집단의 평균을 신뢰하는 합리적인 추정 과정이다.

동종업계의 '주가 수익비율(PER: Price Earning Ratio)' 또는 'EV/EBITDA' 등의 배수(Multiple)를 적용하여 투자대상이 되는 기업의 가치를 평가할 수 있다. 계산이 쉽고 간단하기 때문에 대략적 가치를 판단하기에 편리하나 기업의 개별 특성을 반영하지 못하는 한계점도 있다.

이러한 기업가치 평가기법은 주식 거래를 위한 목적, IPO를 위한 목적, M&A를 위한 목적 등에 따라 달리 적용되고 있다.

특허의 가치(Value)를 추정하는 방법 – 특허 가치평가

특허는 눈에 보이지 않는 무형적 자산이므로 정확한 가치를 산정하기 어렵다. 특허가 가지는 기술과 법률의 속성이 특허 평가 난이도를 높인다. 무형자산의 특성상 기업과 달리 장부가치를 산정하여 가치를 추정할 수는 없다. 특허의 가치는 '시장 접근법'과 '수익 접근법' 등을 통해 가치를 산정하는 것이 일반적이다. 이는 기업의 가치평가 방법 중 '동종업계의 상대적 가치를 기준으로 평가하는 방법'과 '기업의 수익가치를 기준으로 평가하는 방법'과 유사한 측면이 있다.

1) 특허의 상대적 가치를 기준으로 평가하는 방법

'시장 접근법'은 평가의 대상이 되는 특허와 유사한 기술이 시장에서 거래된 가격에 근거하여 상대적인 가치를 산정하는 방법이다. 유사한 거래 사례의 데이터를 활용할 수 있어 간편하지만 특허의 가치평가는 거래 목적(예: M&A, IPO, 기술이전, 매매, 라이선스, IP 담보대출 등)에 따라 가치가 크게 달라질 수 있다. 당사자 간에 비밀유지협약(NDA: Non Disclosure Agreement)을 체결하는 경우도 많기 때문에 세부적인 계약 조건을 확인할 수 없는 문제점이 존재한다.

2) 특허의 수익가치를 기준으로 평가하는 방법

업계에서는 특허의 가치평가에 '수익 접근법' 중에서도 '로열티 공제법(RFR: Relief From Royalty)'을 널리 사용하고 있다. 특허권자가 제3자에게 라이선스 계약을 체결하여 로열티 수익을 얻을 수 있다는 특허의 속성을 활용한다. 특허의 가치를 산정하기 위해 미래에 획득할 수 있는 로열티 수익을 예측하고, 이를 현재가치로 환산하여 특허의 가치를 추정한다. 기업의 가치평가 모델에서 '현금흐름 할인법(DCF)'과 비슷한 평가방법이다.

우선 기술의 경제적 수명을 예측하고 해당 기간에 기업이 올릴 예상 매출액을 산정한다. 기업의 가치평가와 달리 특허 가치평가에서는 시간이 지남에 따라 기술 수준이 높아지고 기존의 기술이 새로운 기술로 대체되는 경향이 있기 때문에 기술의 경제적 수명을 고려하게 된다. 따라서 대상 특허 X의 경제적 수명이 5년인 경우에는 향후 5년간의 A 기업의 예상 매출액을 평가 자료로 사용하게 된다.

다음으로 해당 기술 분야의 로열티를 예측하고 예상수익을 현재가치로 환산하는 정교한 작업을 수행한다. 기계설비 분야, 농업 분야, 반도체 분야, 약학 분야 등 각 분야별로 로열티가 다르게 형성되어 있기 때문에 특허의 기술 분야를 고려하여 로열티 비율을 예측한다. 기술의 속성을 반영하기 위한 영점 조절 작업이다. 특허의 권리범위라는 법률의 속성을 반영하기 위한 미세 조정 과정을 거치기도 한다.

일반적으로는 전체 매출액의 1~10% 등으로 매출액의 일부를 로열티 수익으로 제공받는 방식으로 라이선스 계약이 이루어지고 있다. 제품의 판매 과정에 마케팅적인 요소가 개입할 수 있고, 대상 특허가 적용되지 않은 제품을 판매하여 수익을 얻을 수 있기 때문에 전체 매출액에 기술 기여도를 고려하여 최종적인 현재가치를 산정하게 된다. 시장과 기술이 가지는 교집합을 찾는 과정이다.

지식재산 금융의 성장에 따라 지식재산을 기업가치에 반영하기 위한 노력이 증가하고 있다. 지식재산의 가치(Value)를 정확하게 평가할 필요성이 커지고 있다. 특히 인수합병(M&A) 과정에서는 매도인과 매수인이 합의하는 가격으로 거래가 진행될 수 있지만, 기업을 상장하거나 투자자를 설득하기 위해서는 무형자산의 가치를 정확하게 평가하고 기업가치에 반영하는 노력이 필요하다. 특허는 기업과 떨어져서는 독자적으로 존재할 수 없는 존재이다. 기업의 가치평가와 특허의 가치평가의 공통점을 이해하는 노력이 기업가치를 향상할 것이다.

스타트업 특허 바이블

10 특허를 활용한 엑싯 준비 – 기술특례상장

엑싯, 스타트업 생태계의 선순환 고리

배달의 민족을 운영하고 있는 우아한 형제들은 지난 2019년 독일의 딜리버리 히어로에게 지분을 매각하였다. 안정적으로 출구전략을 찾은 스타트업의 엑싯 사례로 평가받고 있다. 국내에서 몇 안 되는 유니콘 기업의 엑싯 소식이었기에 많은 관심을 받았기도 하였다.

스타트업 업계에서 널리 사용되는 용어 "엑싯(Exit)"은 기업공개(IPO: Initial Public Offering) 방식 또는 인수합병(M&A: Merger & Acquisition) 방식 등으로 창업자와 투자자가 초기 투자금을 회수하는 출구전략을 말한다. 엑싯을 통해 자금을 회수한 창업자와 투자자의 대부분은 새로운 창업을 시도하기도 한다. 엑싯을 통해 유입된 자금은 투자가 필요한 새로운 스타트업을 발굴하는 선순환 창업 생태계가 구축하는 마중물이다. 실리콘밸리에서 스타트업 엑싯은 선망의 대상임과 동시에 자연스러운 문화이기도 하다.

국내 산업구조에서는 인수합병(M&A)보다는 기업공개(IPO)가 엑싯을 위해 많이 활용되고 있다는 특징이 있다. 특허를 보유한 스타트업은 국내에서 시행 중인 기술특례상장 제도를 활용하여 까다로운 기업 상장의 문턱을 넘을 수 있다.

기술특례상장은 기술성장기업에게 상장 요건을 완화시켜 주는 제도

'코스닥 기술성장기업 특례상장 제도'는 전문 평가기관의 기술평가나 상장주선인의 추천으로 상장이 가능하도록 하여 기술성장기업으로 인정받는 기업에게 상장 요건을 완화시켜주고 원활한 자금 조달하기 위해 도입된 제도이다.

특례의 첫 번째 방법인 '기술 특례상장'은 2005년 바이오 벤처기업을 타깃으로 하여 도입되었고, 2014년에는 모든 업종으로 확대되어 기업이 보유한 기술을 평가하여 상장하도록 돕고 있다. 특례의 두 번째 방법인 '성장성 특례상장'은 2017년 도입되어 중소기업의 성장성을 평가하고 상장주선인이 추천하여 상장하는 방법이다. 당장 수익이 나지는 않지만 기술력과 성장성이 높다고 평가되는 기업은 기술특례상장 제도를 통해 상장 기회를 제공받을 수 있다.

기술력과 시장성을 평가하는 기술특례상장

'기술 특례상장'을 위해서는 기술신용평가기관(TCB: Tech Credit

Bureau) 등의 전문평가기관 두 곳의 기술평가가 일정한 등급(한 곳에서 A 이상, 한 곳에서 BBB 이상) 이상으로 기술력을 평가받아 상장요건을 충족하여야 한다. '성장성 특례상장'은 기술평가 없이 상장 주관사가 성장성을 인정하여 추천한 기업을 상장할 수 있지만, 투자자 보호를 위해 주관사가 환매청구권의 일종인 풋백옵션(Put-Back Option)을 가지는 특징이 있다.

최근에는 독창적인 비즈니스 모델에 의해 수익을 얻는 스타트업들의 상장 허용을 위해 기술특례 상장의 평가요소에 사업성 평가 항목을 추가하여 판단하고 있다. 다소 엄격한 기준을 가지고 있지만 스타트업들에게 기술특례상장을 준비하여 기업공개를 하는 문은 열려 있다. 기술특례상장 제도는 현재 매출액은 낮지만 기술력과 성장성을 갖춘 기업들이 활용할 수 있다.

2005년 제도의 도입 이후 2020년까지 총 112개 사가 상장하였고, 2019년과 2020년 각각 22개 사와 25개 사가 상장하는 등 기술특례상장 제도를 활용하는 기업이 증가할 정도로 높은 인기를 얻고 있다. 아직까지는 매출이 크게 발생하지 않는 바이오 기업들의 상장 루트로 많이 활용하고 있는 제도이지만, 다른 분야의 기술분야의 스타트업들도 기술력과 시장성을 입증할 수 있다면 충분히 자금조달 전략으로 기술특례상장 제도를 활용할 수 있다.

특히 기술평가 과정에서 해당 기술의 지식재산(IP) 보유 현황, 해당 기술이 매출액에 어느 정도 기여할 수 있는지, 기술이 경쟁사 대비 어떤 차별성이 있는지 등의 스토리텔링도 함께 겸비될 수 있다면 좋은 점수를 받을 수 있다.

스타트업은 상장 과정에서 기술력 평가를 위한 가점요소 이외에도, 해당 기술에 대해 다각적인 특허 포트폴리오(Patent Portfolio)를 형성을 통해 경쟁력을 확보할 수 있다. 시장성이 높은 기술에 대해서는 지속적인 관리를 통해 기업의 경쟁력을 확보함과 동시에 엑싯을 위한 발판을 마련할 수 있다.

IV

창업자가 꼭 알아야 하는
특허 상식

01 스타트업을 위한 특허 비용의 절약 전략 _____

스타트업의 특허비용 예산 수립 방법

특허는 살아 있는 생물과 같다. 생물이 숨쉬기 위해 산소가 필요하듯이 특허를 유지하기 위해 유지비용을 지불하여야 한다. 시장성이 없는 기술을 특허로 획득하게 되면 권리를 유지하기 위해 불필요한 비용이 낭비된다. 스타트업이 특허 예산을 관리해야 하는 이유이다. 처음 출시한 제품이 시장에서 반응이 좋지 않아 제품을 바꾸는 과정에서 또 다른 특허를 획득하는 비용이 들기도 한다. 국내 사업이 번창하며 해외 진출을 위해 해외에서 특허가 필요하다. 항상 예상하지 못한 특허 비용이 계속 발생하고 가랑비와 같은 지출이 모여 스타트업의 예산 부담으로 이어진다.

처음부터 모든 지출을 정확하게 예측할 수는 없다. 하지만 철저한 자금계획만이 특허비용 낭비를 막을 수 있다. 특허비용은 특허출원의 진행 절차와 맞닿아 있다. 특허 프로세스의 시작과 끝을 이해한다면 조금 더 합리적인 예산 계획을 세울 수 있다. 특허비용은 특허의 획득 과정에서 필요한 비용, 특허를 유지하기 위해 필요한 비용, 비즈니스 과정에서 절약할 수 있는 변동 비용으로 나뉜다.

기업이 특허를 활용하는 목적, 보유한 기술 난이도, 특허출원 전략과 우선순위, 기업의 내부 상황 등에 따라 구체적인 예산 규모가 달라진다. 공격용 특허와 방어용 특허를 준비하기 위한 노력과 비용에는 큰 차이가 있다. 타깃 고객과 미래의 잠재 고객을 포함하는 넓은 시장은 매력적이나 기업의 규모를 고려하여 최적화된 특허 예산을 수립하는 것이 우선이다.

처음 개발하여 특허출원한 기술이 제품화되어 시장에서 본격적인 반응을 얻기까지는 대개 수년의 시간이 소요된다. 시장이 반응하고 성숙하기까지 기다림의 시간이 필요하다. 특허출원은 가을철 추수를 위한 든든한 준비 작업으로 긴 호흡을 가지고 예산을 관리해야 한다. 특허 획득 사이클을 이해하는 것이 특허비용 예산을 수립하는 첫 시작이다.

특허를 활용하는 목적에 따라 특허비용을 조절하는 차등화 전략

스타트업은 특허를 다양한 목적으로 활용한다. 특허는 스타트업이 가질 수 있는 강력한 공격무기일 수 있고, 경쟁자의 시장 진입을 저지하기 위한 방공호일 수 있다. 스타트업이 시장에 진입하는 단계인지, 늘어나는 경쟁사를 견제하는 단계인지, 시장 지위를 공고히 다지는 단계인지에 따라 활용 목적이 달라지기도 한다. 팔방미인 특허는 기업의 선택지를 늘리기 때문에 누구에게나 인기가 있다. 하지만 다목적으로 활용할 수 있는 좋은 특허는 획득과 관리에 많은 비용이 필요하다.

스타트업은 특허를 활용하는 목적을 내부 의사결정을 통해 확정해야 한다. 그다음 목적과 우선순위에 따라 특허비용을 차등 관리하여야 한다. 목적 없는 특허 항해는 연료를 낭비하게 만든다. 특허 활용 목적이 경영 방침과 연계되고, 경영진의 가치관과 의사가 특허 전략에 반영되는 정책 구조가 이상적이다.

공격용 특허는 법적 분쟁에 실질적으로 도움이 될 수 있는 특허를 말한다. 기업의 핵심 기술, 주력 제품에 반영된 기술, 경쟁사의 모방 가능성이 높은 기술과 같이 기업의 생존과 직결된 기술이 공격용 특허로 만들어진다. 분쟁 상황에서 쓰이는 강력한 특허들을 구비하기 위해서는 자사 제품을 분석하고, 보유 기술의 핵심을 파악하며, 타사가 기술을 활용할 수 있는 가능성을 점검하기 때문에 특허문서로 작성하기에 많은 시간이 소모된다.

전문가의 손길이 많이 필요할수록 특허 예산도 함께 증가한다. 특허 예산이 부족하다면 S급 기술, A급 기술, B급 기술 등으로 구분하여 S급 기술을 위주로 공격용 특허로 관리하고, 등급이 낮은 기술에 대해서는 해외출원 여부나 권리화 강도를 조절하여 특허 예산을 적절히 안배하는 전략이 필요하다.

특허 포트폴리오의 모범답안으로 알려진 면도기 회사 질레트는 핵심적인 기술, 파생된 기술, 관련 기술에 대해 종합적으로 특허 포트폴리오를 작성하여 다중날 면도기 시장을 보호한 대표적인 성공 사례로 알려져 있다. 이렇게 핵심기술, 파생기술, 관련기술 모두에 대해 권리를

그림 6‖ **질레트의 특허 포트폴리오 사례 – 면도기 제품**
(미국특허 US 10,137,584)

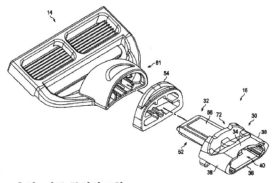

출처: 미국 특허상표청

표 3‖ **특허 활용 목적별 특허 예산 비교**

특허 활용 목적	특허 예산
공격용 특허, 다목적 특허	높음
방어용 특허	보통
홍보용 특허	낮음
정부지원용 특허	낮음

획득하여 제품을 다각적으로 보호하는 것이 이상적이다. 그러나 기업의 현금흐름과 예산이 부족하다면 핵심 기술에 대해 우선적으로 특허 출원을 하는 것으로 출원 전략을 수립하여 특허 비용을 절약하는 타협점을 찾을 수 있다.

그림 7‖ 질레트의 특허 포트폴리오 사례 – 면도날

(미국특허 US 10,478,388)

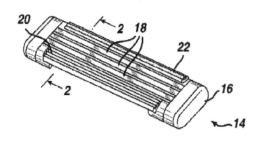

출처: 미국 특허상표청

그림 8‖ 질레트의 특허 포트폴리오 사례 – 코팅층

(미국특허 US 11,020,865)

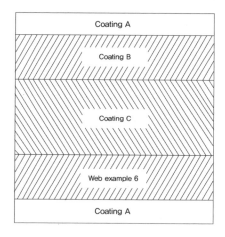

출처: 미국 특허상표청

스타트업 특허 바이블

특허 하나를 획득하기까지 일반적으로 한국은 약 300~500만 원, 미국 등의 주요국은 약 1000~2000만 원 정도 소모되므로, 특허 예산의 우선순위를 결정하는 것이 중요하다. 만약 특허출원의 목적이 제품의 홍보를 위한 것이거나 정부지원사업 신청을 위한 것인 경우에는 특허문서 작성에 소모되는 비용을 줄이는 것도 고려할 수 있다.

홍보를 위한 특허는 제품이나 서비스의 마케팅을 위한 특허라는 점에서 분쟁을 고려한 특허들과는 성질이 다르다. 지원사업용 특허도 정부지원사업에서 특허출원과 등록이 가점사항을 고려하여 정량적으로 특허 보유 현황을 늘리기 위한 현실적 필요에서 등장하였다. 특허분쟁에 사용되는 특허명세서의 청구범위는 정교하고 세밀하게 관리되어야 하지만, 제품 홍보나 정부지원사업 신청을 위한 특허는 상대적으로 관리가 쉬우므로 관리비용을 절감할 수 있다.

특허출원의 단계별로 특허비용을 절감하는 방법

한국 특허출원 실무는 특허 절차와 함께 비용을 부과하고 있다. 일반적으로 '특허출원 단계', '중간사건 단계', '등록 단계'로 구분하여 비용을 부과한다. 해외에서는 특허출원 시 모든 비용을 부과하는 경우가 많으나, 한국 특허출원 실무에서는 많은 비용을 한 번에 부담하기 어려운 출원인의 상황을 고려하여 '특허출원 착수 비용'과 '등록 성사금'의 명목으로 비용을 나누어 청구하고 있다. 대리인과 특허출원 계약의 내용에 따라 달라지는 부분이 있으며, 최근에는 일시금으로 비용을 지불하는 경우도 늘고 있다는 점이 특징이다.

출원 단계별로 비용을 나누어 지출하면 특허출원 당시와 달리 사업화 방향이 바뀌는 경우나 심사관의 거절이유를 극복하기 어려운 경우 등의 제반 사정을 종합하여 단계별로 특허 비용 지출 여부를 조절할 수 있다. 만약 특허출원한 제품의 시장성이 사라진다면 특허출원을 포기하는 것도 하나의 방법이다.

'특허출원 단계'는 발명자의 기술과 아이디어를 정리하여 특허청이 정하는 일정한 형식의 특허문서로 작성하는 단계를 말한다. 발명자와의 상담을 통해 발명자의 기술 내용을 정확하게 파악하고 향후 분쟁에서 활용될 수 있는 강력한 칼과 방패를 다듬는 작업이기도 하다. 특허문서에서 '청구항'은 특허권의 권리범위를 정하는 가장 중요한 요소이기 때문에 경쟁자의 회피 가능성을 고려하여 다각적으로 검토되고 신중하게 작성된다. 또한 특허는 사업의 방향성과도 일치하여야 하므로 현재 사업 중인 영역을 비롯하여 향후 확장될 수 있는 서비스, 제품군까지 검토될 필요도 있다.

대부분의 특허의 권리범위는 최초 특허문서에 기재된 범위에서 결정된다. 특허출원의 비용도 대부분은 위 특허문서 작성 과정에서 발생한다. 기술 난이도, 특허문서 작성 분량, 특허 포트폴리오의 복잡성에 따라 수백만 원에서 수천만 원까지 특허명세서 작성비용이 다양하게 발생하므로 특허출원의 목적과 예산에 따라 비용을 적절하게 관리할 수 있다. 특허 초기 비용을 조절하는 예산 관리법이다.

한국 특허제도는 특허출원이 특허요건을 구비한 경우에만 특허를 부여하고 있다. 특허청 심사관이 특허문서가 적법한 형식으로 작성되었는지, 선행기술과 차이점이 있는지를 심사한다. 만약 출원인이 제출한

스타트업 특허 바이블

표 4‖　**특허출원 단계별 특허 예산 비교**

특허 절차	특허 예산
특허출원 단계	약 50%
중간사건 단계	약 10%
등록 단계	약 40%

특허문서에 거절이유가 있는 경우에는 심사관은 출원인에게 의견제출 통지서를 발행하게 되고, '중간사건 단계'는 이러한 심사관의 견해에 대응하여 거절이유가 타당한지 분석하고, 출원인이 의견서 또는 보정서를 제출하는 절차를 말한다. 협상과 타협의 절차이다.

일반적으로 특허출원의 등록가능성과 권리범위는 트레이드오프(Trade-off) 관계인 경우가 많으므로 넓은 권리범위를 희망한다면 추가적인 의견제출 통지를 감수하여야 한다. 보통 중간사건은 회당 수십만 원의 추가 비용이 발생한다. 중간사건 비용은 간과되기 쉬운 특허비용 중 하나이다. 만약 추가적인 중간사건을 방지하고 권리범위를 양보하는 경우에는 특허비용을 절감할 수 있다는 장점이 있으므로 특허비용과 권리범위의 적정선을 타협하는 것이 필요하다. 유능한 협상가는 협상의 결과를 정확하게 예측하고 상대방을 무리하게 압박하지 않으면서 협상을 빠르게 끝낸다.

숨은 유지비용을 관리하여 특허비용을 절감하는 방법

특허 준비 과정에 필요한 비용은 대리인 수수료와 관납료로 이루어진다. '대리인 수수료'는 전문가 이용료이다. 전문가가 기술을 분석하고 전략을 수립하는 비용과 특허문서를 작성하기 위해 소요되는 서비스 비용이다. '관납료'는 국가에 제공하는 일종의 세금이다. 특허청에 출원, 심사, 등록 과정에서 제출하는 수수료를 말하고, 특허출원 과정에서 필수적으로 발생하는 비용이다. 특허 심사와 행정처리를 위해 국가가 징수하는 비용이다.

대부분 특허 예산을 특허문서 준비단계로 시작해서 특허가 등록되면 끝나는 것으로 생각하는 경우가 많다. 숨어 있는 비용을 놓치기 쉽다. 특허권의 획득 이후에도 매년 납부하여야 하는 '연차등록료'는 숨은 비용이지만 대부분 인지하지 못하고 지나친다. 특허의 수가 늘어나면 유지료도 늘기 때문에 기업의 특허 예산에 부담이 되는 지출 항목이다.

'연차등록료'는 기본료와 가산료로 구분되어 있다. '기본료'는 초기 4~6년 차에는 40,000원에 불과하지만 점차적으로 증가하여 13년 이후에는 매년 360,000원이 청구되므로 특허권자에게는 막대한 부담으로 작용할 수 있다. '가산료'는 청구항 1개당 발생하는 비용으로서, 특허의 청구항이 수십 개인 경우에는 매년 수십만 원의 비용이 추가적으로 지출될 수 있다.

특허 유지비용을 줄이기 위해서는 현재 진행 중인 사업의 영역과 특허권의 보호 범위가 부합하는지 주기적으로 검토하여 최적의 특허 청구항만을 유지하는 것이 필요하다. 스타트업이 관리하고 있는 특허가 여러 개인 경우에는 연차료로 지출되는 비용도 급증하게 된다. 연차료 절감을 위해 청구항 가지치기 작업이 필요하다.

특허출원 이후의 비용분담 주체를 확인하자

최근 스타트업의 특허 창출을 지원하기 위한 다양한 정책 지원자금이 제공되고 있다. 프로그램에 따라 특허출원 비용만을 지원하는 경우도 많고, 중간사건 대응 비용을 포함하는지 여부, 특허등록 성사금을 포함하는지 여부가 달라진다. 뒤늦게 발견한 예외조항을 놓쳐 공든 탑을 무너뜨리기도 한다.

특허출원 비용보다 이후의 관리비용이 더 클 수 있다는 점을 주의하자. 기업의 핵심 특허의 경우 등록을 위해 특허청과 재심사청구, 거절결정불복심판청구 등의 불복절차를 수행하는 경우 대응 비용이 증가하게 될 가능성도 고려할 필요가 있다.

국가별로 별도의 예산 관리가 필요한 해외출원

국내 특허출원 이후 해외 사업화까지 고려하는 경우에는 각 국가별로 별개의 권리를 취득하여야 한다. 국가마다 별도의 권리가 인정된다. 해외특허는 일반적으로 한국에서 특허를 획득하기 위한 비용의 약 3~5배 수준으로 국내 비용보다 더 많은 비용이 소모된다. 각국의 언어로 번역하는 번역 비용, 국가별 대리인 비용 등을 추가적으로 납부하여야 하므로 많은 예산이 필요하다. 향후 해외 진출 계획을 검토하여 진출 가능성이 높은 국가를 위주로 우선순위를 정리하고, 선별적으로 해외로 출원하며 비용 낭비를 최소화할 수 있다.

특허협력조약(PCT)에 따른 국제출원을 진행하는 경우 추가 비용(약

400만 원)이 소모되지만 다양한 장점을 활용할 수 있다. 국제출원을 통해 우선일로부터 2년 7개월(*국가별 2년 6개월인 경우도 존재) 이후에 각 국가의 진입 시점을 선택할 수 있고, 국제조사기관(ISA)으로부터 사전적인 특허성을 판단받을 수 있다. 기업의 상황에 따라 개별국에 직접 특허출원과 PCT 국제출원의 장단점을 비교하여 보다 높은 효용을 만들어내는 제도를 활용하면 된다.

02 세상에 공짜 점심은 없다 ────────

공짜 점심의 숨은 대가

'세상에 공짜 점심은 없다'는 말은 미국의 경제학자 밀턴 프리드먼이 즐겨 쓰던 표현이다. 미국 서부 개척시대의 일화에서 유래한 말로 경제 원리를 관통하는 우화이다. 19세기 말 미국 서부의 가게 주인은 손님이 줄어드는 것을 걱정하며 새로운 마케팅 전략을 세웠다. 저녁에 술을 마시면 낮에는 점심을 무료로 제공한다는 안내를 본 손님들은 다음날부터 줄을 이어 가게를 방문했다. 손님들은 공짜 점심에 환호했고 가게 주인은 뒤에서 웃었다. 가게 주인은 어떻게 공짜 점심을 제공할 수 있었을까? 공짜 점심의 비용은 바로 술의 가격에 반영되어 있었던 것이다.

무료 마케팅의 이면에는 항상 그에 상응하는 대가가 숨어 있다. 점심 식사 비용이 술값에 반영되어 있는 것처럼, 무료 서비스를 이용하는 고객들이 인식하지 못하는 곳에서 서비스의 대가를 직간접적으로 지불하고 있다. 우리가 무료로 사용하는 유튜브나 구글도 광고와 사용자 데이터를 활용해 숨은 비용을 대가를 회수하고 있다. 서버의 운영비용은 무료가 아니기 때문이다.

특허 서비스를 제공하는 전문가의 비용도 마찬가지이다. 무료 상담의 숨은 비용은 특허문서 작성 비용에 반영되어 있다. 낮은 서비스 비용은 필연적으로 낮은 서비스 품질로 이어진다. 경영자의 입장에서는 투입 비용 이상의 수익을 올리기 위해서 다른 지점에서 숨은 비용을 징수하는 전략을 선택한다. 경력이 적은 인력을 투입하거나, 특허문서 작성이나 기술 보호를 위한 전략에 투입되는 시간을 줄이는 방식으로 수지를 맞춰 나간다. 대부분의 고객들이 숨은 비용을 인식하지 못할 뿐이다.

"세상에 공짜 점심은 없다"

– 밀턴 프리드먼 –

스타트업 특허비용의 이상과 현실

데모데이(Demoday)에서 투자 유치를 성공한 스타트업은 자신들이 원하는 곳에 원하는 자금을 투입할 수 있는 여력이 생긴다. 풍부한 자금으로 전문인력을 유치하고, 좋은 기술과 서비스를 개발하고, 이로 인해 매출을 증가시키고, 또 다음 시리즈 투자를 받는 선순환 고리를 만들어 나갈 수 있다. 풍부한 예산은 지식재산권 획득에도 반영된다. 자금이 풍부한 기업은 기업의 법률 리스크를 안전하게 해소하고 특허로 기업의 가치를 높여 나갈 수 있다.

하지만 창업 3년 미만의 기업 중 서비스 개발에 실패하거나, 생각보다 매출이 부진하거나, 신규 투자자금 확보에 실패하는 등으로 데스밸리를 통과하지 못하는 비율은 절반에 가까울 정도로 높다. 수백 개의 스타트업이 제안한 피치 덱(Pitch Deck) 중에서 자신들의 사업을 어필하고 투자자의 마음을 사로잡기까지는 많은 난관이 기다리고 있다. 총알 한 발이 소중한 스타트업에게 현실과 이상의 간격은 생각보다 더욱 크게 다가온다.

해답은 고객과 변리사의 의사소통

좋은 특허를 가지고 싶다는 이상과 예산의 한계라는 현실은 항상 대립한다. 저렴한 특허비용을 제안하는 전문가의 손길은 매력적이다. 고객이 먼저 낮은 비용을 제안하는 전문가를 찾기도 한다. 자유시장에서 서비스의 효용가치는 비용으로 환산되기 때문에 서비스 품질에 차이가 작다면 낮은 비용을 선택하는 것이 합리적이다. 하지만 특허 시장은 서비스의 품질을 구매자가 정확하게 판단하기 어려운 레몬 시장의 속성을 가지고 있다. 시장에서 실력 있는 전문가는 낮은 비용을 선택할 유인이 적다. 그렇기 때문에 공짜 점심의 숨은 대가는 자주 간과된다.

고객은 좋은 변리사를 찾기 위한 탐색의 시간을 가지고 전문가의 역량을 스스로 검증하여야 한다. 기업의 비즈니스 상황과 기술을 이해하고 최적의 솔루션을 제공하기 위한 상호 간의 탐색의 시간을 가져야 한다. 그리고 전문가는 고객의 경영 상황을 고려하여 예산 범위 내에서 최고의 품질을 약속하여야 한다.

창업자가 꼭 알아야 하는 특허 상식

낮은 비용으로 좋은 품질을 가지는 특허를 획득하기 어렵다는 현실도 마주하여야 한다. 특허비용은 특허를 활용하는 목적에 따라 투입되는 전문가의 역량과 시간을 조절함으로써 절감할 수 있다. 고객의 니즈가 명확하게 전문가에게 전달되어야 특허 품질과 예산의 균형점을 맞출 수 있다.

고객 맞춤형 특허전략에는 고객과 변리사의 적극적인 의사소통이 필요하다. 만약 특허는 필요하지만 초기 비용이 없는 상황에서는 일정 지분 투자를 개방하여 미래의 이익을 배분하거나 파트너십을 체결하여 해답을 찾기도 한다. 명확한 의사표현과 상호 간의 신뢰가 상생하는 특허 비즈니스 파트너십을 만들어 낸다.

스타트업에게 필요한 투 트랙 특허 획득 전략

하나의 총알로 과녁에 명중을 하고 싶은 스타트업은 10점짜리 특허를 원한다. 좋은 특허를 가지고 싶다는 이상과 예산의 한계라는 현실의 경계선을 극복할 수 있는 방법은 무엇일까? 권리범위와 특허 등록 가능성은 양립하기 어렵다는 현실을 이해하는 것이다. 예산의 한계를 고려하여 적절한 타협점을 찾지 않으면 특허 등록 확률은 점점 더 낮아지고 비용은 증가한다.

두 마리 토끼를 한 번에 잡기 위해 노력을 하기보다 스타트업의 성장 과정에 따라 특허 전략을 변화시킴으로써 해결책을 찾는 것을 제안한다. 초창기 스타트업이라면 등록 특허를 우선적으로 확보하여 정부지원 사업의 가점사항으로 활용하거나 기업의 마케팅 수단으로 활용하는 전략을 취할 수 있다. 상대적으로 권리범위를 양보한다면 빠른 시간에 등록 특허를 확보할 수 있다. 그리고 절약한 시간과 비용은 후속 특허를 준비하기 위해 활용할 수 있다. 특허 예산이 부족한 초기 스타트업의 입장은 특허를 여러 방면에 활용할 수 있기 때문에 빠른 등록특허 확보 전략은 매력적인 선택지이다.

정량적인 등록특허 풀을 확보한 스타트업은 이제 정성적인 특허 풀을 확보하는 노력이 필요하다. 정량 특허 확보와 정성 특허 확보는 투 트랙으로 이루어질 수 있다. 내 제품과 서비스를 실질적으로 보호할 수 있는 것은 좋은 권리범위를 가진 특허이기 때문이다. 특허를 활용하여 기업에 필요한 자금을 조달하기 위해서도 좋은 권리범위를 가진 특허가 필요하다. 실제 판매하고 있는 제품과 서비스와 특허가 매칭되어야 높은 자산 가치를 인정받을 수 있다.

따라서 스타트업은 전략적으로 등록특허를 우선적으로 확보하고, 스타트업이 성장하며 고품질의 특허풀을 점진적으로 확보해나가는 투 트랙 특허 획득 전략을 통해서 이상적인 스타트업의 특허 포트폴리오를 완성할 수 있다.

창업자가 꼭 알아야 하는 특허 상식

03 트레이드오프, 스타트업에게 필요한 특허 최적화 전략

트레이드오프, 특허 최적화 이론

'최적화 이론(Optimization Theory)'은 수학과 공학 분야에서 널리 확립된 이론이다. 최적화 이론을 적용하면 제약조건(Constraints)에서 목적함수(Objective Function)의 최댓값과 최솟값을 도출할 수 있다. 조금 더 쉽게 접근하면 경영학의 관점에서 이는 트레이드오프(Trade-off)와도 같다. 양립할 수 없는 두 가지 목표 중에서 어느 한쪽을 희생시키며 최적의 결과를 얻어내는 타협의 의사결정이다.

제품의 품질을 향상하기 위해서는 시간과 비용이 증가하는 상관관계를 가진다. 투입시간이나 제조단가를 감소시키면 제품의 품질은 자연스럽게 감소한다. 이렇게 '제품의 품질 확보'와 '시간과 비용 절감'이라는 두 목표 사이에서 최선의 결과를 얻기 위해서는 결국 제약조건에서 타협점을 찾아야 한다.

스타트업에게 시간과 비용이라는 제약조건은 항상 따라오는 숙제와도 같다. 특허의 품질도 시간과 비용에 비례하므로, 특허 전략에서도 이러한 최적화(Optimization) 과정이 반드시 필요하다.

특허의 진정한 힘은 '권리범위'에서 나온다

특허는 특허심사를 마치고 등록해야 권리가 발생하게 된다. 특허의 가치와 품질은 특허의 '권리범위'에서 결정된다. 내 제품과 관련이 없는 특허라면 특허의 가치는 떨어진다. 내 제품을 반영했더라도 전체 제품의 일부를 보호하고 있다면 불완전한 권리를 형성한다. 특허의 진정한 힘은 특허권이 사업을 보호할 수 있는 범위에 있다. 이를 특허의 '권리범위'라고 부른다.

권리의 범위가 좁다면 현재 판매하고 있는 제품이나 서비스를 보호할 수 없게 되고, 특허의 가치는 시장의 크기에 비례하여 감소한다. 이와 반대로 권리의 범위가 넓게 잘 형성되어 있는 경우 미래의 경쟁사의 모방까지도 방지할 수 있는 든든한 사업 동반자가 된다.

좋은 재료, 레시피, 셰프의 실력이 합쳐서 고급 요리가 탄생하는 것처럼 고품질 특허는 좋은 아이디어, 특허 제도에 대한 이해, 전문가의 실력이 합쳐진 작품이다. 그리고 결과물은 특허문서를 통해 완성된다.

창업자가 꼭 알아야 하는 특허 상식

'멸치국수' 레시피 사례로 살펴보는 넓은 권리 획득 과정

나만의 독창적인 레시피는 특허로 보호받을 수 있다. 멸치국수의 면발의 쫄깃한 식감을 유지하는 레시피를 개발한 경우를 가정해 보자. '멸치국수'의 레시피에 특허를 획득하는 과정을 통해 좋은 특허의 모습을 살펴볼 수 있다.

면발을 차가운 물과 뜨거운 물에 일정한 시간 내에 빠르게 반복적으로 담그는 과정에서 면발이 쫄깃해지는 성질을 발견하였다면 꼭 '멸치국수'에 대해서만 권리를 획득하는 것이 바람직할까? '콩국수', '막국수', '쌀국수', '파스타' 등의 면으로 할 수 있는 다양한 요리에도 이러한 레시피가 응용 가능하다. 따라서 '멸치국수'가 아닌 일반적인 '국수'에 대해서 권리를 획득받는 것이 경쟁사의 회피설계를 방지할 수 있는 좋은 특허이다.

현재의 사업 영역은 '멸치국수'의 사업일 수 있지만, 멸치국수 사업이 성공하는 경우 그동안 쌓아온 노하우로 '국수' 사업에 대해서 진출할 가능성이 높다. 비즈니스 다각화는 기존 사업과 연관성 연관성이 높은 사업으로 이어진다. 사업 환경은 변하지만 특허문서는 최초에 작성된 범위가 내 권리를 형성한다. 내가 개발한 기술이 '멸치국수'에 한정되면 경쟁사가 면 제조방법을 '콩국수'나 '쌀국수'에 활용하는 것을 막을 수 없다. 특허로 기술을 보호받지 못하면 기술 사용료를 요구할 권리도 사라진다. 사업 확장과 응용 가능성을 고려하는 특허의 문법은 논문이나 마케팅 자료와는 속성이 조금 다르다. '멸치국수' 사업을 하더라도 '콩국수' 사업이나 '쌀국수' 사업을 함께 이해할 수 있는 기술과 시장을 관통하는 통찰력이 필요하다.

면 제조 레시피는 '국수'에만 한정되는 것이 아니라 '수제비', '뇨끼'와 같은 '밀가루를 사용한 요리'에 대해서도 응용할 수 있다. 멸치국수 레시피를 '밀가루를 사용한 요리'까지 지속적으로 확장하는 전략이다. 국수를 만드는 과정에 쌓인 노하우를 응용할 수 있는 방법은 많다. 레시피가 응용 가능한 시장을 탐색하는 노력이 필요하다. 그리고 기술의 핵심과 응용사례를 특허문서로 작성하면 고품질 특허로 완성된다. 사업계획서나 IR 자료에서 활용하는 TAM-SAM-SOM 시장분석 전략을 역순으로 적용하는 것과 같은 원리이다.

스타트업 비즈니스 모델에서 시장 규모를 예측하기 위해서는 전체시장(TAM: Total Addressable Market), 유효시장(SAM: Service Available Market), 수익시장(SOM: Service Obtainable Market)의 순서로 전체시장에서 수익시장으로 시장을 논리적으로 탐색하며 접근한다. 큰 시장에서 작은 시장으로, 미래의 시장에서 현재의 시장으로 톱-다운 방식으로 추정하는 방식을 활용한다.

표 5‖ 특허 권리범위 확장 과정과 시장 규모의 추정 과정

특허 권리범위	시장 규모	특징
멸치국수	수익시장(SOM)	실제 점유 가능한 시장
국수	유효시장(SAM)	기업의 비즈니스 모델을 적용하여 확장 가능한 시장
밀가루를 사용한 요리	전체시장(TAM)	제품이나 서비스가 목표로 하는 전체 시장

특허문서의 지향점은 수익시장에서 끝나는 것이 아니라 유효시장과 전체시장을 보호하는 범용적인 권리를 가지는 것이다. 범용적인 권리가 시장에서 활용되고, 창의적인 후발 주자의 모방 가능성을 차단하며, 전체시장에서 발생하는 수익을 내 수익으로 연계시킬 수 있다. 전문가는 현재의 시장에서 미래의 시장으로, 작은 시장에서 큰 시장으로 다운-톱 방식으로 권리를 확장시키기 위해 노력한다. 내 제품을 보호하는 것을 넘어 목표시장까지 확장된 권리는 좋은 권리이자, 시장의 영향력이 커진다. '멸치국수'에서 '국수', '국수'에서 '밀가루 요리'까지 이어지는 상상력과 통찰력이 필요하다.

특허의 '권리범위'와 '등록 가능성'의 트레이드오프

그동안 좋은 특허는 '내 기술을 보호할 수 있는 넓은 권리범위를 가지는 특허'라고 생각되어 왔다. 체격이 작은 사람에게는 작은 우산으로도 충분하겠지만 큰 우산을 가질수록 비를 맞을 확률이 낮아지기 때문에 큰 우산을 선호하게 된 것이다. 특허 업계에서 고객과 전문가들은 의기투합하여 "거거익선(巨巨益善)"의 가치를 지키기 위해 노력해왔다. 하지만 좋은 특허를 획득하는 과정에 상당한 노력과 비용이 들고 성공 확률도 낮다. 이 과정에서 불필요한 시간과 비용이 소모된다. 기업의 상황과 우선순위라는 제약조건에서 특허 비용과 권리범위의 균형을 도모할 필요가 있다.

일반적으로 넓은 권리범위를 가지려고 시도할수록 특허의 등록 가능성이 점차 낮아진다. 특허의 권리범위와 등록 가능성은 트레이드오프

관계에 있다. 범용성을 가지는 발명은 특허청의 심사 과정에서 다양한 장애물을 만날 확률이 높아지게 되기 때문이다.

특허청의 심사 과정에서 10년 전 외국의 방송에서 '뇨끼'를 만들 때 온수와 냉수를 사용하여 식감을 개선시키는 레시피가 공개된 사실을 발견되었다면 특허의 권리범위를 '밀가루를 사용한 요리'까지 확장시킬 수는 없다. 특허 제도는 이미 세상에 있던 기술에는 권리를 인정하지 않는다. 협상 결렬의 신호를 무시하고 특허의 범위를 넓히기 위해 다투면 멸치국수에 대한 권리조차 획득하지 못하는 비극을 맞이하게 된다.

적당한 타협점을 찾아 협상을 마무리하여야 한다. '밀가루를 사용한 요리'에 대한 권리를 획득하지 못했더라도, '멸치국수'보다 조금 넓은 '일반적인 국수'까지 권리를 획득하는 것으로 타협을 하며 국수 시장을 독점하는 특허를 획득할 수 있다. 국수 시장을 선점하는 권리도 충분히 가치가 있다.

특허의 권리범위를 양보하고 빠른 권리를 획득할 것인지, 시간과 비용을 조금 더 투입하여 강한 권리범위를 획득할 것인지 선택하는 문제는 기업 내부와 외부 상황에 따라 특허 전략을 최적화하는 것으로 귀결된다. 특허의 권리범위와 등록 가능성의 트레이드오프 관계를 고려하여 적절한 타협점을 모색하여야 한다. 그리고 이러한 관계를 이해하고 있다면 불필요하게 심사 결과에 불복하는 과정을 방지하고, 특허 획득의 시간과 비용을 절약할 수 있다. 시중에 알려진 '등록률 99%'를 홍보하는 광고 문구, 그 반대급부는 양보한 권리범위일 것이다.

창업자가 꼭 알아야 하는 특허 상식

04 스타트업에게 필요한 것은 속도

스타트업에게 필요한 속도와 시간

스타트업에게 필요한 것은 속도이다. 빠른 의사결정과 빠른 실행력은 스타트업만이 가지는 장점이며, J-커브의 성장곡선은 스타트업의 상징과도 같다. 시장의 진입부터 제품과 서비스의 개발, 피벗(Pivot), 스케일업까지 비즈니스 모델의 점검과 수정에도 속도가 필요하다. 투자자의 눈에 당장의 이익은 중요하지 않지만 매출 성장률, 사용자 증가율의 성장지표는 중요하게 작용한다.

속도는 시간의 함수이기 때문에 스타트업에게 중요한 의미를 가지지만 다른 관점에서도 시간은 소중한 자원이다. 경영에 투입되는 시간을 줄이고 절약한 시간을 또 다른 자원에 활용하여 새로운 수익원을 창출할 수 있기 때문이다.

2011년 개봉한 영화 〈인 타임〉은 시간을 화폐로 사용하는 가상의 세계를 그리고 있다. "내일이란 당신이 구입할 수 없는 사치이다"라는 한 문장으로 우리에게 시간의 가치를 일깨워주고 있다. 놀이동산에 가면 '패스트 패스(Fast Pass)'를 구매한 고객은 긴 줄을 서지 않고 원하는 놀이기구를 자유롭게 탈 수 있는 것도 우리 사회가 시간의 가치를 자본으로 환산하는 하나의 사례일 것이다. 빠른 속도와 시간이 필요한 스타트업은 '임시 명세서 제도'와 '우선심사 제도'를 활용할 수 있다.

"단지 갓 시작한 회사라고 모두 스타트업이 아니다.
스타트업은 빠른 성장을 목표로 만들어진 회사를 지칭한다"
– 폴 그레이엄 –

속도가 필요하다면, 임시 명세서 제도를 활용

특허문서는 일반적인 문서와 다른 속성을 가진다. 형식과 내용, 작성 방법과 활용 방법에서 차이가 있다. 기업마다 서로 다른 서류양식을 가지고 있는 것과 달리 특허문서는 통일된 양식을 요구한다. 눈에 보이지 않는 내 기술의 특징을 글로 서술하여야 하고 나의 권리를 글로써 표현하여야 하기 때문에 특허문서는 엄격한 형식적 제한을 두고 있다. 특허문서를 읽는 독자의 상상력은 제한된다. 독자의 해석에 따라 기술 내용이 달라지고 권리가 달라지게 되면 특허문서를 읽는 독자들의 분쟁이 증가한다.

그리고 특허문서는 일정한 기간이 지난 뒤 대중에게 공개되는 문서이기 때문에 업계 종사자들의 수준에서 알기 쉽게 작성되어야 한다. 막

창업자가 꼭 알아야 하는 특허 상식

연히 떠오른 추상적인 아이디어를 구체화하고 정해진 양식의 문서로 작성하기까지 상당한 시간이 소요된다. 연구개발(R&D) 과정에서 탄생한 아이디어가 실제 특허문서로 탄생하기까지는 짧게는 수주일에서 길게는 수개월까지 인고의 시간과 노력이 필요하다.

좋은 품질의 특허를 받고 시장을 독점하는 권리를 획득하고 싶은 것은 모든 기업들의 바람이다. 하지만 경쟁사와 시장은 내가 기술 내용을 정리하고 특허를 준비하는 시간을 기다려주지 않는다. 전 세계 특허 제도는 '선출원주의'라는 제도를 채택하고 있기 때문에 가장 먼저 특허문서를 제출하는 자가 경쟁에서 우위에 서게 된다. 시간과 속도라는 가치는 특허 제도에서도 큰 의미를 가진다. 속도와 품질, 두 마리 토끼를 잡기 위한 제도가 '임시 명세서 제도'이다.

기존에는 특허법이 정한 모든 양식을 갖추어 서류를 제출하여야 했다. 새로 도입된 임시 명세서를 활용하면 형식적인 제한 없이 빠른 출원일을 확보할 수 있다. 임시 명세서를 통해 특허 명세서를 정해진 출원서식에 따르지 않고 논문이나 연구노트 등 연구 내용을 자유로운 형식으로 작성하여 제출할 수 있다.

특허청 통계에 따르면 2020년 '임시 명세서 제도'가 새롭게 시행된 이후 이를 이용하는 기업이 증가하고 있는 것으로 확인된다. 2021년 4월의 월별 이용건수는 730건으로 2020년 4월 227건 대비 1년 만에 약 3배 증가할 정도로 인기가 높다. IT 기술과 같이 기술의 변화 속도가 빠른 디지털 기술의 분야의 스타트업은 임시 명세서를 적극적으로 활용할 필요가 있다.

임시 명세서 제도를 어떻게 활용할 수 있을까?

'임시 명세서'를 '정식 명세서'로 다시 작성하기까지 최장 1년 2개월의 유예기간을 제공한다. 기술 트렌드가 빠르게 변하고 시장의 변화 가능성이 큰 기술분야에 임시 명세서를 활용할 수 있다. 1년 2개월 사이에 변화한 시장 상황에 따라 내 특허를 맞춤 설계할 수 있다.

처음 임시 명세서에 포함된 기술 내용의 범위에서 자유롭게 내 권리의 방향을 재조정할 수 있다는 장점이 있다. 서브 프로젝트나 사이드 프로젝트를 통해 시장의 반응을 확인하기 전에 미리 임시 명세서를 제출하여 출원일을 확보하고 시장 추이에 따라 권리화를 포기하는 것도 하나의 전략이다. 다양한 후보작 중에서 시장이 반응하는 대표작만 선택하여 메인 프로젝트로 진행하면 된다.

임시 명세서의 유예기간은 1년 2개월이므로, 내 기술과 아이디어가 세상에 공개되는 1년 6개월 이전에 자유롭게 후속 진행 여부를 결정할 수 있다. 100가지 아이디어에 100가지 특허를 모두 획득하는 것은 비용과 시간의 낭비이다. 선택과 집중 그리고 속도가 필요한 스타트업에게 '임시 명세서'는 반드시 활용하여야 하는 필수 전략이다.

심사시간을 단축시키기 위한 우선심사 제도

특허출원이 시작되는 시간을 단축시키는 방법이 '임시 명세서'였다면, 특허심사가 끝나는 시간을 단축시키는 방법이 '우선심사'이다. 시작이 있으면 끝도 있어야 한다. 특허청 통계에 따르면 특허 심사에는 약

11개월 정도의 시간이 걸린다. 한 번에 심사를 통과하면 1년의 시간이면 충분하지만, 좋은 특허를 확보하기 위해 협상하는 시간까지 더하면 특허를 획득하기까지 보통 2년 정도의 시간이 소모되는 것이 일반적이다. 특허심사를 기다리는 동안 많은 일이 일어난다. 시장 트렌드가 급변하고 소비자의 관심사가 바뀐 이후에는 내 기술을 특허로 보호할 실익도 작아지게 된다. 스타트업에게 2년이라는 긴 시간을 기다리는 것은 가혹하다.

특허청 통계를 통해 특허심사가 지연되는 이유를 살펴볼 수 있다. 2020년 국내의 특허출원 건수는 약 22만 건이고 심사관수는 932명이다. 심사관 1인의 심사 처리량은 연간 약 200개에 달한다. 발명자가 수개월에서 수년을 걸쳐 고민한 발명을 이틀에 하나 꼴로 처리해야 하는 상황에 있다. 자동 특허심사 AI가 도입되지 않는 이상 획기적인 시간 단축은 어려운 현실이다. 심사 인력의 부족은 심사가 지연되는 큰 원인이다. 그리고 반도체, 자율주행, 인공지능, AI, 나노기술 등 점차적으로 4차 산업으로 기술이 어려워지는 점도 심사 기간 지체에 한몫을 담당하고 있다. 심사관이 발명을 이해하고, 전 세계 기술을 검토하고, 특허를 부여할지 결정하는 과정에 상당한 시간이 소요된다. 최근에 스타트업, 혁신기술에 대해 우선심사를 확대하여 심사기간을 3개월로 단축하기 위한 논의가 시작된 점은 긍정적이다.

속도가 중요한 스타트업들은 '특허 우선심사 제도'를 활용하여 특허 획득 시간을 단축시킬 수 있다. 벤처기업 확인서를 가지고 있는 기업을 비롯하여 4차 산업혁명과 관련된 발명을 특허출원한 경우에 우선심사를 신청할 수 있다. 만약 이러한 우선심사 사유가 인정되지 않는다면 전문기관에 선행기술조사를 의뢰하는 방법으로 돌파구를 찾을 수 있다.

놀이동산처럼 패스트 패스를 돈으로 구매할 수는 없지만 전문기관에 선행기술조사를 일정한 비용을 지불하여 의뢰함으로써 자본을 통해 시간을 얻는 것과 사실상 동일한 효과를 누릴 수 있다. 빠른 특허등록의 실익과 특허 예산의 적정선을 찾고 시간을 자본으로 바꾸는 특허 전략을 고민하여야 한다.

05 회색지대의 힘, 빠른 특허등록은 독이 든 성배일 수도 _____

빠른 특허등록이 최선일까?

빠른 의사결정이 필요한 스타트업 생태계에서 특허만큼은 등록 시점을 의도적으로 지연시키는 전략을 함께 고민하여야 한다. 흑과 백이 아닌 애매한 중간지대를 말하는 '회색지대(Grey Area)'와 같이 의도적으로 모호한 상태를 유지하는 것이다. 획기적인 아이디어가 떠올라서 특허출원을 한 경우 하루라도 빨리 특허를 획득하고 싶은 것이 대부분의 발명자들의 마음이다. 하지만 특허를 빨리 획득하여 발생하는 문제점을 간과하는 경우가 많다. 스타트업의 특허출원 전략에서 반드시 알아야 하는 숨겨진 이야기이다.

한국의 빨리빨리 문화는 전 세계적으로 유례 없는 경제 성장에 기여하였지만 특허 획득 과정에서 빠른 특허등록으로 인한 실익도 신중하게 고려하여야 한다. 장점의 이면에는 항상 단점이 숨어 있다. 빠른 특허등록을 위해서는 필연적으로 내 기술을 외부에 빠르게 공개하여야 하는 동전의 양면과 같은 모습을 가지고 있다.

시장 상황의 추이를 살펴보고 변화에 대응할 수 있도록 의도적으로 권리화를 지연시키는 전략은 스타트업에게 선택의 기회를 제공한다. 잠수함과 같이 수면 아래에서 시장 상황과 경쟁사의 동향을 살피고 시장이 성숙될 때까지 기다리면서 선택에 따른 기회비용을 최소화할 수 있다.

특허가 등록된 경우 권리의 내용이 확정된다

아이디어와 기술은 눈에 보이는 것이 아니기 때문에 관점에 따라 다양한 권리가 발생한다. 자동차를 앞에서 바라볼 때와 옆에서 바라볼 때 인상이 달라지는 것과 같다. 하나의 기술에 대해서 다양한 관점 중에서 출시한 제품을 가장 잘 보호할 수 있는 장면을 선택하여 특허를 획득하게 된다. 새로 설계한 엔진이 핵심 기술이거나 자율주행 소프트웨어가 핵심 기술일 수 있다. 하지만 특허를 등록하면 권리의 내용이 최종적으로 확정되게 된다. 등록특허를 활용해 신속하게 권리행사를 할 수 있다는 장점도 있지만 시장 상황의 변화에 대응하기는 어려워진다.

스타트업의 특성상 처음 구상한 아이디어가 프로토타입(Prototype)과 다른 경우도 많고 실제 소비자의 반응이 좋지 않은 경우에는 잦은 방향 전환이 필요하다. 특허를 획득한 이후에 시장 상황이 변하더라도 더는 권리의 내용을 변경할 수 없다는 점은 치명적인 단점으로 작용한다.

창업자가 꼭 알아야 하는 특허 상식

경쟁사가 내 기술과 아이디어를 모방하거나 변형한 경우에도 경쟁사의 시장 진입 시도에 적절하게 대응하기 위해서는 권리가 확정되지 않도록 유지해야 한다. 경쟁사가 모방하는 기술에 맞춰서 카멜레온과 같이 내 특허문서의 내용을 수정하면 된다. 특허권의 내용을 확정하지 않고 의도적으로 등록을 지연시키는 것도 널리 활용되고 있는 특허전략이다. '잠수함 특허 전략'이자 '카멜레온 특허 전략'이다.

등록특허가 내 발목을 잡을 수 있다

특허출원에서 등록까지 일반적으로 약 1~2년 정도의 시간이 소모된다. 우선심사를 진행하게 되면 심사기간을 6개월에서 1년 정도로 줄일 수 있어 빠른 등록을 원하는 스타트업들이 자주 활용한다. 협상 테이블에서 처음부터 권리를 양보하여 협상안을 도출하면 4개월 이내에 특허증을 받을 수도 있다.

하지만 빨리 등록된 내 특허로 인해 새로운 특허출원이 거절될 수 있다는 점을 항상 생각해야 한다. 등록특허는 등록공보를 통해 외부에 공개되기 때문이다. 일반적으로 특허출원일로부터 1년 6개월이 지난 이후에 외부에 기술 내용이 공개가 된다. 기업은 외부에 공개되지 않는 1년 6개월 동안 연구개발을 지속하여 개량된 기술에 대해서도 새롭게 특허를 받으며 특허 포트폴리오를 확장해 나갈 수 있다.

만약 먼저 등록된 내 특허가 공개되면 그다음에 획득하는 특허를 거절하는 근거가 될 수 있다. 특허 제도는 비슷한 특허에 대해서는 권리를 인정하지 않기 때문에, 기술개발 속도가 느린 기업들은 상대방의 기술

스타트업 특허 바이블

이 아닌 자신들이 스스로 공개한 기술들에 의해 발목을 잡히기도 한다.

특허를 일회성으로 확보하는 경우에는 문제가 되지 않지만, 후속특허를 획득하고자 하는 경우에는 연구개발 속도와 특허획득 속도를 조절하는 전략적인 선택이 필요하다. 기술을 체계적으로 보호받기 위한 '시리즈 특허 전략'이 필요하다.

목적에 따른 특허 등록 시점 조절

특허를 빠르게 획득하여 대출이나 투자를 받아 현금흐름을 조기에 창출하거나 기업의 마케팅에 활용하는 목적이라면 빠른 특허등록을 적극적으로 고려하여야 한다. 초기 창업가에게 가뭄의 단비가 되는 창업지원금을 얻기 위해서도 정량적으로 등록특허를 확보하기 위해 속도전이 필요하고 경쟁사가 내 제품과 서비스를 모방하는 경우에는 권리행사를 위해서는 조기 권리화가 필요하다. 권리가 확정되는 리스크를 감수하고도 등록특허를 빠르게 획득하는 것이 더 큰 효용을 발생시킨다.

위와 같은 특수한 목적이 아니라면 시장 상황과 기업 내부의 상황을 종합적으로 고려하여 최종적으로 획득할 권리를 가다듬을 수 있는 시간을 확보하는 것이 필요하다. 특허는 비즈니스 문서이기도 하므로 시장과 기업의 상황이 항상 고려되어야 한다. 애플리케이션이 앱스토어에 출시되는 시점, 제품이 해외 박람회에 공개되는 시점, 고객사에 기획안을 제안하는 시점 등을 고려하여 특허 출원과 등록의 시점을 조절할 수 있다.

특허등록을 지연시키는 가장 쉬운 방법은 특허청에 심사청구를 늦게

창업자가 꼭 알아야 하는 특허 상식

하는 것이다. 특허심사는 출원인의 심사청구가 있는 경우에만 심사를 진행하고 최대 3년간 심사청구를 미룰 수 있다. 상황에 따라서는 빨리 획득한 등록특허는 독이 든 성배가 될 수 있다. 특허 등록 시점을 조절하여 시장의 변화에 보다 유연한 대처를 할 있는 다양한 옵션을 확보해두는 전략적 지연이 필요하다.

스타트업 특허 바이블

06 대기업의 특허 시스템, 스타트업에게 주는 하나의 힌트

기업의 시스템, 대기업과 스타트업의 차이점

대기업이 스타트업보다 강점이 있는 부분은 '시스템'일 것이다. 정해진 체계에 따라 급여와 업무분담, 복지까지 전체 조직이 관리되고 운영된다. 큰 조직에서는 명령체계(CoC: Chain of Command)나 조직 내의 역할이 명확하게 구분되어 있다. 조직이 커지면서 각 직무별로 철저한 분업화가 이루어지고, 기업의 성장 과정에서 시행착오를 통해 최적화된 업무 프로세스는 하나의 시스템으로 체계화되었다.

이와 달리 스타트업은 조직과 의사결정이 유연하다. 디지털 노마드의 시작도 스타트업의 문화에서 탄생했다. 업무시간이나 휴가를 자유롭게 사용하는 자율성이 부여되고 개인의 역량과 책임으로 조직이 운영된다. 한 명의 직원이 여러 역할을 부여받기도 하고 조직 내 역할은 시장 상황에 따라 시시각각 달라진다. 개인의 퍼포먼스에 성과가 기업의 성과에 바로 반영되는 장점이 있다. 핵심 인재가 퇴사한다면 그 타격은 상당하다는 한계도 있다. 대기업의 시스템의 장점을 접목하여 스타트업 문화의 조화를 추구할 수 있다.

대부분의 스타트업은 특허 전담 조직을 두지 않고 CSO나 CTO가 기업의 지식재산을 총괄한다. 시스템보다 전문가에 자율성을 부여하여 조직을 유연하게 활용한다. 규모가 다른 대기업의 시스템을 그대로 활용하기는 어렵지만, 연간 수백 건에서 수천 건의 특허를 효과적으로 관리하는 대기업의 특허 관리 시스템(PMS: Patent Management System)은 스타트업의 특허 관리에도 큰 시사점을 준다.

발명자 – 기업 특허팀 – 변리사의 삼각관계

규모가 큰 기업들은 인하우스(In-house)라고 불리는 기업의 특허팀을 보유하고 있다. 특허팀은 연구원들이 연구 개발한 신기술을 법적으로 보호받는 특허권으로 다듬어 가는 과정을 전담으로 관리하는 조직이다. 연간 특허출원량이 적은 스타트업은 CEO나 팀장급 직원 등의 소수 인력이 관리하고 있지만, 한 해에 수백 건에서 수천 건의 아이디어가 제안될 정도로 규모가 큰 조직에서는 시스템의 힘이 필요하게 된다.

특허팀은 기업 내의 발명자뿐만 아니라 기업 외부의 변리사 등의 특허 전문가들과도 협업을 진행하여 기업의 지식재산을 창출하고 관리하고 있다. 좋은 아이디어가 탄생할 수 있도록 특허 빅데이터를 분석하여 발명자가 연구방향을 정하는 데 도움을 주며 기술이 법적으로 보호받는 과정을 총괄한다. 연구 결과물이 특허문서에 반영되었는지, 특허문서가 제품과 서비스를 보호하는지 검증한다. 눈에 보이지 않는 하나의 기술 내용을 법률문서로 작성하는 과정에서는 기술과 법률을 모두 이해하고 있는 변리사와 협업한다. 발명자, 특허팀, 변리사는 삼각관계를 형성하여 상호 보완적으로 기업의 지식재산을 창출하고 보호하는 팀워크를 발휘한다.

기업의 지식재산 역량의 핵심 중추

2020년 한 해 동안 국가 예산의 약 5%(24조 원 규모)가 연구개발(R&D) 부문에 사용되었고, 삼성전자는 매출액의 약 9%(20조 원 규모)를 연구개발비로 사용한 것으로 알려졌다. 기업의 연구개발 과정에서 신제품 개발에 사용될 핵심 기술, 기존 제품을 개량하는 개량 기술, 추상적인 콘셉트로 구체화되지 못한 기술 등 다양한 연구 결과들이 탄생하게 된다. 외부에 공개할 수 없는 노하우와 데이터도 관리 대상이다.

기업의 특허팀에서는 발명자의 기술 내용이 아이디어 수준에 불과하거나 이미 알려진 기술과 비슷하여 특허성이 부족한 경우에는 기술의 중요도를 낮게 평가하거나 특허출원을 진행하지 않는 등의 의사결정을 수행한다. S급 특허는 해외 10개국, A급 특허는 주요국, B급 특허는 국내에서만 관리하는 등의 내부 시스템에 의해 비용과 인력을 효율적으로 관리할 수 있다.

기업은 수익을 창출하는 곳이기 때문에 항상 비용 지출 대비 효용가치(ROI: Return on Investment)를 고민한다. 특허권으로 보호할 실익이 적은 기술, 사업 영역과 관련성이 떨어지는 기술, 이미 알려진 제품과 비슷하여 거절 가능성이 높은 경우 등의 실익을 판단하여 특허화 여부를 결정한다. 만약 기술이 공개되어 경쟁사가 쉽게 모방할 수 있거나 수년간 관리된 노하우라면 기술이 노출되는 부작용이 더 크기 때문에 특허를 획득하지 않는 의사결정도 수행한다.

특허팀은 경쟁사의 기술 동향을 분석하여 맞춤형 전략을 수립하기도 하고, 자사의 기술 공백 영역을 검토하여 연구개발 방향을 제시하는 역할을 총괄하며 기업 내부의 지식재산을 창출하고 역량을 강화하는 핵심 중추를 담당한다.

특허의 탄생 과정부터 체계적으로 관리한다

기업 내의 연구인력은 발명제안서를 작성하여 제출한다. 자신의 연구 내용에 대해 설명하고 기존에 알려진 기술과 어떠한 차별점이 있는지 설명하는 일종의 제안서(Proposal)이다. 특허팀은 기업에서 관심을 가지는 포인트에 따라 내부 데이터베이스화까지 고려해 기술 유형이나 기술적 특징을 일정한 양식으로 작성하여 관리한다. 기업 내부의 정책이나 지식재산 관리 예산에 따라 우선순위(S/A/B 등의 내부 평가 등급)를 정하고, 권리화를 위해 다양한 사전 작업을 수행하여 관리 효율을 높인다.

만약 기업의 성장세가 급격하거나 경쟁사의 추격이 심화되는 경우 정량적인 특허 풀 확보를 위해서는 특허출원량을 증가시키는 전략을 채택한다. 특허 풀의 크기와 품질은 상호 보완적 관계에 있다. 지식재산

관리 예산이 부족하다면 제품 매칭도가 높거나 우선순위가 높은 기술군에 대해서 우선적으로 특허를 확보하는 하이라키(Hierarchy) 시스템을 구축하기도 한다.

현재 상태에서는 단순한 콘셉트에 불과하지만 추후 상용화 가능성이 있는 기술에 대해서는 추가적인 리서치나 전문가의 검토의견을 수렴하는 숙의 과정을 거침으로써 발명의 완성도를 높여 나간다.

아이디어가 도출된 이후에는 변리사와 의사소통을 통해 특허문서를 작성하고 보완하는 과정을 관리한다. 특허문서에 발명자가 제안한 내용이 제대로 반영되었는지, 권리범위가 좁거나 문서의 흠결이 심사과정에 불리하게 작용할 요소는 없는지, 실제 판매 중이거나 판매 예정인 제품을 잘 보호할 수 있는지 등을 검토하여 완결성을 높인다. 해외 시장까지 타겟팅하여 해외출원까지 고려하는 경우에는 특허문서가 미국, 중국, 유럽, 일본 등의 주요국의 특허법 만족하는지 추가적인 검토도 수행한다.

기업의 특허 조직은 위와 같은 특허의 탄생 과정 이외에도 확보한 특허 포트폴리오를 지속적으로 강화시키며, 기업의 운영 과정에서 필요한 지식재산을 관리하여 기업의 가치를 높이고 법적 분쟁까지 준비한다.

시스템의 힘은 관리 체계를 통해 조직의 안정성과 효율성을 향상하는 것에 있다. 스타트업의 비전과 방향성을 반영하여 최적화된 특허 시스템 구축한다면 지식재산 창출과 관리에 든든한 지원군이 될 수 있다.

07 오징어 게임과 특허의 공통점?
- 특허 가면화 전략

오징어 게임의 성공과 상징

2021년 최고의 화제작은 넷플릭스의 〈오징어 게임〉이다. "우린…깐부잖아"와 같이 수많은 유행어를 남긴 〈오징어 게임〉은 한국 TV 프로그램을 넘어 전 세계적으로도 선풍적인 인기를 끌었다. 한국을 넘어 전 세계로 K-콘텐츠의 저력을 보여 주었다. 83개국 1위를 달성하고, 최단 기간 1억 명이 넘는 사람들이 시청한 그야말로 '메가 히트 드라마'의 소프트 파워는 무엇일까?

〈오징어 게임〉이 전달하는 메시지와 강력한 상징들이 성공 요인으로 평가받고 있다. 영화와 드라마 속 상징이라는 장치는 감독의 의도를 전달하며 현대판 우화를 완성시킨다. 〈오징어 게임〉에서 게임 주최자와 일꾼들은 자신의 신분을 숨기기 위해 가면을 쓰고 있다. 베네치아의 카니

그림 9‖ 〈오징어 게임〉 속 일꾼들의 가면

출처: 넷플릭스 〈오징어 게임〉 예고편

발 마스크와 같이 우리의 역사와 문화 속에서도 가면은 자신의 신분을 숨기고 자유로운 활동을 가능하게 하는 매개체로 활용되어 왔다. 〈오징어 게임〉은 '가면'이라는 상징을 활용하여 인물들의 표정을 숨긴다. 가면 뒤에 숨은 인물은 익명성을 보장받고 같은 가면을 쓴 일꾼들의 개성은 사라진다.

　〈오징어 게임〉의 가면이 지닌 속성은 특허에도 반영된다. 인물들의 개성을 숨기고 비식별화하는 가면의 속성은 특허와 공통점이 있다. 특허가 내가 가진 핵심 자산이라면, 외부의 공개에 노출되지 않도록 자신의 특허를 '가면화'를 시킴으로써 자신의 진짜 힘을 숨길 수 있다. 이와 반대로 상대방의 가면 속의 진짜 가치를 파악하는 능력이 있다면 특허 전쟁에서 우위에 설 수 있을 것이다.

창업자가 꼭 알아야 하는 특허 상식

내 기술을 숨기기 위한 필사적인 노력 – 특허 가면화 전략

특허를 받기 위해서는 내 기술을 외부에 공개하여야 한다. 기술의 공개 없이는 '특허권'을 인정하지 않겠다는 입법자의 의도이다. 특허 제도의 범위 내에서 우리는 늘 해답을 찾고 있다. 권리를 가지고 싶지만 내 기술을 공개하기는 싫은 양면성다. '특허를 획득하고는 싶지만 내 기술을 최소한으로 공개하는 방법이 없을까?'에 대한 대답이 바로 '특허 가면화 전략'이다.

한국에서만 연간 20만 건의 특허가 출원되고, 전 세계에서는 연간 100만 건 이상의 특허가 출원되고 공개된다. 내 특허를 비식별화한다면 방대한 특허 데이터베이스 속에 자신의 기술을 숨겨둘 수 있다. '특허 가면화'는 상대방이 진짜 내 기술을 파악하는 것을 어렵게 하는 일종의 트릭이다.

> "우리는 답을 찾을 것이다. 늘 그랬듯"
>
> – 영화 〈인터스텔라〉 –

특허 가면화 전략의 구체적 내용

1) 특허 가면화 전략의 첫 번째 방법: 내 특허의 명칭을 일반화하는 것

내 특허를 숨기기 위한 첫 번째 방법은 내 특허의 명칭을 일반화하는 것이다. "넷플릭스의 오징어 게임의 분홍색 옷을 입은 일꾼"이라는 명칭을 "오징어 게임의 일꾼" 또는 "일꾼" 등으로 간소화하여 다른 사람들이 내 특허를 식별할 수 없게 만들 수 있다. 상대방이 내 특허의 명칭을 보고 내용을 파악할 수 없다면 모든 특허문서의 내용을 일일이 읽어보고 이해해야 한다. 수백 명의 일꾼 속에서 원하는 한 명의 일꾼을 찾기 위해서는 수백 배의 시간과 노력을 들여야 한다.

2) 특허 가면화 전략의 두 번째 방법: 내 특허의 특징과 장점을 숨겨두는 것

특허문서는 내 기술을 요약하여 설명하거나 관련된 기술을 서술하는 방식으로 내 기술의 특징과 장점을 변증법적으로 서술하는 구조다. "경쟁사의 기술은 접촉식 가면인데 우리 기술은 비접촉식 가면이다" 등과 같이 경쟁 기술을 언급하며 내 기술의 차별성을 주장하게 되면 보다 손쉽게 상대방을 설득할 수 있다. 특허문서의 내러티브가 독자를 설득한다. 하지만 내 기술의 위치를 적게 알려주게 되는 결과가 될 수 있다. 방대한 특허 데이터베이스에서 경쟁사의 기술 주변에 내 기술이 있다는 점을 스스로 알려주는 결과가 된다.

잠수함발사탄도미사일(SLBM) 기술을 보유하고 있는 국가가 바다를 지배하는 것과 비슷한 이치로 적에게 내 위치와 움직임을 숨기는 전략이다. "내 가면은 얼굴에 닿지 않는 독창성을 가진다"라는 방식으로 경쟁 기술을 언급하지 않고 내 기술의 내용을 간결하게 서술한다. 내 특허문서를 단순하게 디자인하는 것이다. 잠수함의 위치를 실시간으로 파악하기 위해 망망대해를 감시하는 것을 현실적으로 불가능하다.

3) 특허 가면화 전략의 세 번째 방법: 내 특허의 용어를 새롭게 정의하는 것

100명의 작가가 글을 쓴다면 100개의 문장이 나오는 것처럼 플롯이 동일한 스토리도 작가의 문체에 따라 다양한 스타일의 글로 탄생하게 된다. 작가의 독특한 문체는 작가의 개성이자 작품의 독창성을 드려낸다. 특허문서는 아직까지는 인공지능(AI)이 작성하지 않는다. 특허문서를 발명자나 대리인이 직접 문서를 작성하게 되면 문서 작성자가 바라보는 관점에 따라 다양한 스타일의 글이 탄생할 수 있다. 특허문서도 작가가 탄생시키는 작품이기 때문이다.

그리고 작성자는 내 특허를 숨기기 위해서 의도적으로 새로운 용어를 창작하거나 변형하여 사용할 수 있다. 자신의 개성이자 다른 작가와 차별화하기 위한 전략적 선택이다. 〈오징어 게임〉의 일꾼이 쓰고 있는 "가면"은 "마스크", "얼굴 가리개", "보호장비", "플라스틱판" 등으로 다양한 용어로 정의되어 사용될 수 있다. 보이지 않는 기술을 바라보는 시각과 언어라는 도구를 다양한 방법으로 활용할 수 있다. 내 특허의 용어를 새롭게 정의하여 내 기술을 숨길 수 있다. 언어라는 도구를 활용한 특허 가면화 전략의 일환이다.

무조건 숨기는 것이 능사는 아니다

내 기술을 숨김으로써 경쟁사에 내 기술 노출을 최소화할 수 있지만 그에 따른 부작용도 있기 마련이다. 상대방이 내 기술을 알기 어렵다면 나의 동료도 마찬가지일 수 있다. 자사의 기술이더라도 특허문서를 읽고 이해하는 데 상당한 시간을 소모하게 되는 문제점이 발생한다. 몇 달 뒤 자신이 쓴 글을 다시 읽더라도 새로운 느낌을 받는 경우가 많다.

특히 내부에서 관리하는 기술문서와 외부에 공개하는 기술문서에 차이가 있는 경우 특허 포트폴리오 관리의 난이도는 기하급수적으로 증가한다. 〈오징어 게임〉에서 일꾼들의 가면에 동그라미, 세모, 네모를 표시한 것처럼 '특허 가면화'를 하더라도 최소한의 식별표시를 남겨두어야 할 필요가 있다.

기업들어 특허 전쟁에서 살아남기 위해서는 특허도 가면이 필요하다. 하지만 과도하게 가면을 사용하는 경우 독창적인 기술과 특허의 개성이 사라지게 되는 것을 경계하여야 할 것이다. 〈오징어 게임〉의 상징, 현대사회를 넘어서 특허 업계에도 큰 시사점을 남기고 있다.

08 스타트업의 비즈니스 모델(BM), 특허가 될 수 있을까?

스타트업의 비즈니스 모델도 특허가 될 수 있다

스타트업은 새로운 비즈니스 모델을 창조한다. 세상에 없던 아이디어를 떠올리고 시장의 불편함을 찾아서 개선한다. 새로운 사업 아이디어를 기초로 새로운 비즈니스 모델(BM: Business Model)이 탄생하고, 시장성이 인정되는 접점에서 새로운 스타트업이 등장하게 된다. 사업 아이디어는 추상적인 생각의 모음에 불과하므로 특허를 받을 수 없다고 생각하는 경우가 많다. 절반의 진실이다. 차별화 포인트가 있으면 비즈니스 모델도 특허로 보호받을 수 있다.

아마존은 신용카드 정보를 한 번만 입력해두면 버튼을 한 번 클릭하여 주문과 결제가 이루어지는 '원클릭 시스템'을 구상하고, 특허로 등록하여 20년간 시장을 독점했다(미국특허 US 5,960,411). 여러 창에서 결제를 위해 구매자가 개인정보를 반복 입력하는 불편함을 결제 정보를 사전에 입력해두고 원클릭 결제를 통해 해결하는 영업 아이디어에서 시작되었다. '원클릭 시스템' 특허는 아마존을 전자상거래 1위 업체로 만든 것으로 평가받을 정도로 아마존의 성장에 큰 기여를 했다. 지금은 널리 알려진 비즈니스 모델이지만 1997년의 전자상거래 시장에서는 혁신적인 구상이었다. 원클릭 결제 특허는 법률이 허용하는 모든 기간을 독점하고 2017년에서야 특허가 만료되었다.

최근에는 블록체인을 활용한 보안 시스템, 빅데이터를 활용한 개인별 맞춤 자산관리 등 존재하지 않았던 비즈니스 모델을 구축하여 시장에 큰 변화를 가져오는 경우도 많다. 국내 대표 게임사 넷마블은 아이템 거래기법, 모바일 게임의 화면을 분석하여 캐릭터를 인식하는 방법, 서버에 접속하는 사용자의 입장을 제어하는 시스템 등의 비즈니스 모델을 특허로 보호받고 있다. 구글도 사용자 인터페이스(UI)나 플레이스토어의 허위 코멘트를 검출하는 방법 등을 특허로 시장에서 보호하고 있다.

BM 특허의 첫 번째 특징: 순수한 영업방법은 특허를 받을 수 없다

모든 비즈니스 모델이 특허가 되는 것은 아니다. 영업방법은 추상적 아이디어에 가까운 것으로 누구나 손쉽게 새로운 사업모델을 구상할 수 있기 때문에 영업방법에 기술의 색채를 입혀야 한다. 모바일 애플리케이션에서 서비스가 구현되거나 서버에서 데이터를 주고받음으로써 영업방법 요소와 기술적 요소를 결합하여야 한다.

공유모임 통장이라는 비즈니스 모델을 새롭게 만들었다고 가정하자. 기존에는 모임의 회비를 관리하기 위해서 구성원 중 한 명의 명의로 모임의 통장을 개설하여 관리하였다. 총무가 입출금 내역을 관리하므로 다른 모임의 구성원들이 확인하기 어려운 경우가 많았다. 이러한 문제를 해결하는 모임 구성원들이 모두 통장 내역을 확인할 수 있는 새로운 비즈니스 모델을 구현했다.

'공유통장'이라는 개념이 새로운 것이긴 하지만 단순한 아이디어에 강력한 권리인 "특허권"을 부여하게 되면 앞으로 공유통장이라는 콘셉트의 사업은 다른 후발 주자들이 참여할 수 없게 된다. 핀테크 분야의 산업이 성장하게 되는 것을 막게 될 것이다. 특허라는 권리가 새로운 기술의 혁신을 방지하는 부작용을 낳게 된다.

특허법은 새로운 영업방법을 창출한 개인에게 인센티브를 제공하는 것보다, 산업의 전반적인 성장과 균형에 우선순위를 두고 있다. 이러한 이유로 특허 제도는 '순수한 영업방법'을 발명으로 인정하지 않고 있다. 아무리 혁신적인 아이디어라도 단순한 영업방법 그 자체에 대해서는 특허를 받을 수 없다. 아이디어가 IT 기술로 이어지는 지점을 찾아야 한다.

BM 특허의 두 번째 특징: IT 기술과 영업방법이 결합되어야 한다

핀테크 기업 카카오뱅크는 모임의 구성원들이 함께 내역을 확인하고 입출금 할 수 있는 공유 통장이라는 개념을 구상하고, 이러한 아이디어를 제공하기 위한 서비스를 IT 기술로 구현하여 특허를 받았다(한국특허 KR 10-2195248). 공유통장 개념의 아이디어를 독점하는 것이 아니라 해당 아이디어를 '모바일 애플리케이션을 구현하는 영업방법'에 특허를 받은 것이다.

순수한 영업방법에 대해서는 특허를 획득할 수 없지만 사업 아이디어가 컴퓨터, 모바일 디바이스, 인터넷 등의 정보통신기술과 결합되는 경우에는 특허를 받을 수 있다. 영업방법 발명으로 인정받기 위해서는 '소프트웨어'와 '하드웨어'가 적절하게 결합되어 기술적인 특징을 가지고 있어야 한다. 대법원 판례 "영업방법 발명에 해당하기 위해서는 컴퓨터상에서 소프트웨어에 의한 정보처리가 하드웨어를 이용하여 구체적으로 실현되고 있어야 한다."(대법원 2017후1885)를 참고할 수 있다.

만약 '공유통장'을 활용한 영업방법이 모바일 애플리케이션을 통해 구현되는 경우에는 애플리케이션 구동 과정에 나오는 화면의 형태, 사용자가 입력하는 데이터의 종류에 따른 데이터 처리 · 가공 방법, 모임에 참여하는 구성원의 정보를 서버에서 기록하는 방법 등 다양한 측면에서 기술적 특징을 발견할 수 있다.

'공유통장'을 활용한 영업방법에 대해서도 여러 관점으로 접근할 수 있다. 모임의 구성원별로 입출금 내역을 직관적으로 보여주는 UX/UI가 독특한 경우일 수 있고 공유 모임에 지인을 초대하기 위해 링크를 생성하고 데이터를 전송하는 과정에서 메모리 용량을 절약하는 기술을 포함할 수 있다. 시중은행의 금리를 수집하여 최적화된 계좌관리 서비스를 제공하는 것에 기술적 특징이 있을 수 있다.

BM 특허를 준비하기 위해서는 스타트업이 강점을 가지고 있는 기술적 특징과 새로운 영업방법을 세밀하게 검토한 후에 특허 포인트를 선정할 필

창업자가 꼭 알아야 하는 특허 상식

그림 10∥   카카오 뱅크의 공유통장 BM 특허
(한국특허 KR 10-2195248)

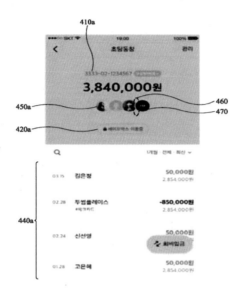

출처: 특허청 키프리스

요가 있다. '공유 통장'이라는 영업방법 그 자체에 권리를 부여하는 것이 아니라 정보통신기술과 결합되어 영업방법이 구현되고 있는 부분에 특허를 인정받고 영업방법을 보호받을 수 있다.

BM 발명의 특징을 이해하고 준비할 것

BM 발명은 '영업방법'을 '정보통신기술'을 통해 구현한 것이기 때문에 특허 심사과정에서는 '영업방법'과 '정보통신기술'의 특징을 모두 고려하게 된다. 따라서 '영업방법'이 알려지지 않았던 독창적인 영업방법

그림 11॥   프롭테크 스타트업의 비즈니스 모델 예시

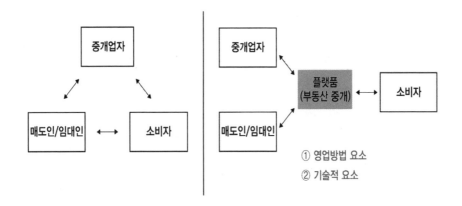

인 경우에는 특허 등록 가능성이 높게 되지만, 만약에 유사한 영업방법이 시장에 알려져 있는 경우에는 해당 영업방법이 '정보통신기술'에 의해 어떻게 구현되고 있는지가 잘 설명되어야 한다. '영업방법의 요소'와 '기술적 요소'가 종합적으로 고려된다. '영업 아이디어'에 기존의 사고를 뛰어넘는 독창성을 인정받거나 이를 구현하기 위한 '기술 구성'에 독창성을 인정받기 위한 전략적 접근이 필요하다.

프롭테크 스타트업 직방의 사례를 통해 BM 특허의 속성을 확인할 수 있다. 직방은 부동산 매물 관리방법을 모바일로 구현하여 '부동산 중개 시스템 및 그를 이용한 중개 방법(한국특허 KR 10-1659290)'이라는 명칭으로 특허를 받았다.

기존 부동산 시장의 비즈니스 모델은 중개업자-매도인/임대인-소비자의 삼각관계로 형성된 구조이다. 매도인이나 임대인은 부동산 중개인에게 임대 물건을 제공하고, 중개업자는 오프라인 공간에서 소비

그림 12∥ **직방의 부동산 중개 BM 특허 (한국특허 KR 10-1659290)**

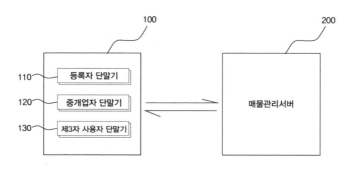

출처: 특허청 키프리스

자들에게 부동산 매물을 보여주며 거래가 성사된다. 직방은 온라인 플랫폼을 통해 중개업자, 매도인/임대인, 소비자를 모바일로 연결하여 거래 패러다임을 바꾸는 비즈니스 모델을 구상하여 사업성을 확인하였다.

부동산 거래는 수십 년간 오프라인에서 형성된 영업방법이기 때문에 기존의 거래 구조를 조금 변형한 것으로는 독창성을 인정받기는 어렵다. 기존의 부동산 시장에 플랫폼 사업자인 직방이 추가되고 오프라인 중개를 온라인 중개로 변경하였다는 영업 아이디어의 특허성은 약하다. 순수한 영업상 아이디어이기 때문에 기술과 결합되어 구현되는 과정을 거쳐야 한다. 그리고 영업 아이디어의 독창적인 부분을 찾아 강조해야 한다.

직방은 중개거래와 직거래가 혼합하는 비즈니스 모델의 속성을 강조하고, 비즈니스 모델을 IT 기술과 결합하였다. '일정 기간 동안 중개업자가 매칭되지 않을 경우에는 직거래로 자동 전환하는 기술'을 하나의 특허 포인트로 강조하여 특허를 획득했다. 영업 아이디어를 서버와 모

스타트업 특허 바이블

바일 단말기에서 구현함으로써 BM 특허의 기본 틀을 설계하였다. 직방은 직거래 서비스를 2017년 중단하고 중개거래 서비스로 비즈니스 모델을 피벗하였지만, 새로운 비즈니스 모델을 IT 기술과 접목하여 특허화했던 전략은 초기 경쟁사의 사용자 확보에 도움을 준 것으로 평가받는다.

스타트업이 가진 독창적 아이디어를 IT 기술로 구현하는 진입 장벽이 낮아짐으로써 비즈니스 모델의 중요성이 커지고 있다. 실제 판매되는 제품 이외에도 모바일 플랫폼, 애플리케이션을 통해 사업 영역을 구축하였다면 비즈니스 모델을 특허로 접근하는 전략을 고민하는 전략이 필요하다.

09 침해 경고장, 어떻게 대응해야 할까?

비즈니스 과정에서 피할 수 없는 침해 경고장

권리자는 자신이 가지는 법적 권한을 행사할 자유를 가진다. 침해 경고장은 권리자가 자신의 권리를 행사하는 다양한 선택지 중 하나이다. 법률 분쟁으로 나아가기 전의 경고 조치이다. 권리자는 경고장을 통해 자신의 의사를 표현하고 상대방의 반응을 확인한다. 세상에 완벽한 승리는 없으며 상처뿐인 승리는 양 당사자에게 후유증을 남긴다. 심판이나 소송은 장기전이기 때문에 경고장은 탐색의 기회는 불필요한 법적 분쟁을 방지한다. 상대방의 경고장 대응에서 분쟁 의지와 약점을 확인하는 시간이다.

사업 과정에서 침해 경고장을 받는 이유는 다양하다. 내 비즈니스가 성장하고 있어 경쟁자의 견제가 시작되거나, 사업 시작 단계에서 법률 리스크를 충분히 검토하지 못한 경우도 많다. 상대방의 무지와 호전성으로 분쟁이 시작되기도 한다. 다양한 이유로 법률 분쟁이 발생한다. 지식재산의 속성은 법률 리스크를 증가시킨다. 상대방의 권리가 눈에 보이지 않기 때문에 상대방의 주장에 설득당하면 상대방의 요구에 응하게 된다. 상대방의 경고장에 담긴 주장이 타당한지, 대응이 무엇인지 정확한 진단과 처방이 필요하다.

경고장에는 "당신이 판매하고 있는 제품과 서비스는 권리 침해에 해당하므로 당장 영업을 중단하고, 그동안의 제품 판매로 인한 손해를 배상하라. 일주일 내에 회신을 하는 경우에만 300만 원에 합의를 할 수 있다."와 같이 위협적인 문구가 포함되어 있는 경우가 많다. 분쟁을 빨리 해결하고자 쉽게 합의하였다가 사업에 지장이 생기는 상황을 자주 접한다. 상대방의 주장에 신중하게 답변해야 하고, 분쟁을 피할 수 없다면 대처법을 미리 알고 있어야 한다. 경고장은 특허권 이외에도 상표권, 디자인권 등의 지식재산 분쟁에서 비슷한 원리가 적용된다.

경고장에 꼭 답변하여야 하는 것은 아니다

경고장의 내용은 어렵고 위협적이다. '경고장'은 타인의 권리 침해를 중단을 요구하는 권리자의 요구사항, 법적인 조치를 취할 것임을 경고하는 내용, 특허권 침해에 대한 판단 근거를 포함하고 있다. 하지만 상대방의 주장일 뿐이고 부당한 주장인 경우도 많다.

내용증명의 방식을 통해 보내는 경고장 그 자체로 법률적 효력이 직접 발생하는 것은 아니다. '내용증명'은 수취인에게 전달한 문서의 내용을 등본에 의해 증명하는 제도이므로 그 자체로서는 직접적인 법률적 효력이 발생하지는 않기 때문이다. 경고장을 제3자에게 보내더라도 특허권 침해가 인정되거나 경고장에 회신할 의무가 인정되는 것이 아니다. 일주일 내에 답변하라는 상대방이 정한 회신 기한에도 구속력이 없다.

그렇다면 경고장을 왜 활용하는 것일까? 경고장은 법률 분쟁의 시작을 알리는 신호탄으로서 상대방의 대응을 확인하여 향후의 법적 조치를 진행하기 위한 사전적인 절차로 볼 수 있다. 권리자는 상대방이 권리 침해사실을 인정하고 합의금을 지급하여 조기에 분쟁을 종료할 수 있다. 반대로 상대방이 강경하게 대응하는 경우 승소 가능성을 따져 본격적인 심판이나 소송 여부를 재고할 수 있다. 권리자는 다양한 목적을 가지고 경고장을 보낸다.

법적으로는 경고장을 권리 침해의 '고의'를 입증하기 위한 주요한 근거로도 활용할 수 있다. 특허권이나 상표권의 고의 침해는 형사처벌 문제로 이어질 수 있고, 징벌적 손해배상으로 이어진다. 손해배상금이 실제 손해액의 최대 3배까지 증가할 수 있다. 상대방의 경고장이 타당한 근거자료에 기초한 것이면 신중한 대응이 필요하다. 경고장을 분석하여 권리자의 의도와 경고장 내용을 파악하는 것이 대응의 시작이다.

경고장의 내용을 분석하는 방법

경고장 분석 결과에 따라 대응 전략이 달라진다. 자신이 판매하는 제품과 서비스가 권리 침해에 해당하지 않는 것으로 판단한 경우에는 간단한 대응으로 분쟁을 마무리할 수 있다. 경고장에 대응을 하지 않거나 권리자의 주장에 반박하는 내용증명을 회신하는 것으로 법적 분쟁

스타트업 특허 바이블

의 긴장감을 낮출 수 있다. 이 경우에도 상대방의 주장에 동의하는 표현은 지양하여야 한다.

분쟁 가능성이 조금이라도 남아 있다면 반박서로 상대방의 주장을 적극적으로 반박하여 특허권자가 잘못된 판단을 할 가능성을 차단하는 노력도 필요하다. 많은 전쟁은 오판에서 시작되고 불필요한 자극으로 확전된다. 권리 침해의 가능성이 있다고 판단하는 경우에는 경고장의 내용을 조금 더 자세하게 분석하고 신중한 대응전략을 수립하여야 한다.

1) 경고장 대응의 첫 번째 단계: 권리 침해 가능성을 우선적으로 검토한다

지피지기면 백전백승이라는 격언처럼 특허 분쟁은 적과 나의 상태를 파악하는 것으로부터 시작된다. 상대방의 경고장의 내용을 살펴보면서 어떤 기술을 문제 삼고 있는지, 상대방의 특허가 유효한지, 주장에 설득력이 있는지를 알아가며 침해 가능성을 진단할 수 있다.

> "적을 알고 나를 알면 백번 싸워도 위태롭지 않다"
>
> – 손자병법–

상대방의 특허문서는 권리 침해 가능성을 진단하는 가장 좋은 리소스이다. 상대방이 특허를 받는 과정에서 자신의 기술을 상세하게 설명하였기 때문에 기술과 권리의 실체에 손쉽게 접근할 수 있다. 상대방의 특허문서에서 청구항의 표현을 내가 판매한 제품과 서비스를 비교하여 승리와 패배의 가능성을 판단해야 한다.

특허는 기술의 속성과 법률의 속성을 모두 가진다. 기술의 렌즈와 법률의 렌즈를 번갈아 끼며 상대방의 특허와 내 제품의 초점을 맞추어 나가야 한다. 법률상 특허 침해요건의 판단은 전문가의 협력이 필요하다. 권리의 효력 제한사유를 두루 참작하여 상대방의 주장과 같이 침해에 해당하는지를 최종적으로 판단한다. 초점이 맞아야 정확한 사진 촬영이 가능하다. 권리 침해 가능성에 따라 대응 전략의 방향은 180도 달라진다.

- 경고장의 내용을 분석하는 단계
- 특허문서를 분석하는 단계
- 내가 판매한 제품과 서비스를 분석하는 단계
- 특허법상 침해요건을 판단하는 단계
- 자신에게 특허 사용권한이 있는지 확인하는 단계
- 상대방의 특허권의 효력이 제한되는 것인지 확인하는 단계

2) 경고장 대응의 첫 번째 단계: 방어와 공격의 준비를 동시에 진행

특허권 침해 여부는 심판관과 법관의 법률적 판단을 통해 최종적으로 결정된다. 그러므로 특허권 침해가 아니라는 방어 논리를 준비하는 것이 필요하다. 법관을 설득하고 상대방을 설득하는 논리가 소송의 결과를 결정한다. 승소의 가능성과 패소의 가능성을 열어두고 유리한 전장을 탐색해야 한다.

상대방의 특허와 내 제품을 분석하였다면 이를 기초로 "상대방의 특

허는 a라는 기술적 특징이 있으나, 자신이 판매한 제품은 b라는 기술적 특징을 가진다" 또는 "산학협력단에서 라이선스 계약을 맺고, x기술에 대한 정당한 사용권한을 가지고 있다" 등 특허권 침해에 해당하지 않는 논거를 준비하여야 한다. 비침해 논리를 준비하는 단계이다.

만약 이러한 비침해 논리의 설득력이 떨어지는 경우에는 상대방의 특허의 효력을 무력화하는 방법을 고려하게 된다. "최선의 방어는 공격이다"라는 말처럼 특허 취소신청이나 특허 무효심판을 통해 상대방의 특허권을 소멸시키고 해당 특허를 자유롭게 사용할 수 있다. 실제 분쟁 절차까지 나아가지 않더라도 준비자료는 협상 과정에서 언제든지 사용될 수 있어 유리하게 협상을 마무리하는 데 도움이 된다.

비즈니스 상황에 따른 대응 방법

비즈니스 상황에 따라 최적의 대응 방법을 모색할 수 있다. 앞서 판단한 특허권 침해 가능성, 특허권자와의 관계, 회사 내부의 사정, 침해 대응을 위한 예산 등의 다양한 상황에 따라 대응 방법이 달라진다.

1) 특허권 침해에 해당하지 않는다고 판단되는 경우의 대응책

경고장에 포함된 사실관계가 다르거나 특허권 침해에 해당하지 않는다고 판단하여 대응의 필요성이 떨어지는 경우에는 간단한 회신으로 분쟁을 끝낼 수 있다. 분쟁 과정에서 유리한 지위를 선점하기 위하여 비침해 근거를 설명하며 상대방의 경고장의 내용을 반박하는 내용증명을 송부하는 것도 검토할 수 있다.

상대방이 자신의 경고장을 진리로 보고 분쟁을 확전하는 오판을 방지하는 역할을 하기도 한다. 전문가의 특허권 침해 감정에 대한 의견서 작성 시 추가적인 비용이 발생하게 되므로 침해 가능성과 예산을 고려하여 대응하는 것이 필요하다.

2) 일정한 비용을 지불하고 원만하게 분쟁을 해결하는 방안

심판과 소송 절차는 복잡하고 시간이 많이 걸린다. 특허권 침해 여부와 무관하게 상대방이 요구한 합의금을 지불하고 분쟁을 빠르게 마무리하는 유혹이 쉽게 찾아온다. 합의금을 지급하는 것이 새로운 분쟁을 위한 씨앗이 되는 경우가 많기 때문에 주의해야 한다.

비즈니스 상황에 따라 불가피하게 합의를 하여야 하는 경우도 있지만 합의금 지급을 통해 특허권 침해를 스스로 인정하는 것으로 해석될 수 있다. 합의 내용에 따라 추가적인 손해를 배상해야 할 수도 있다는 점을 항상 고려해야 한다.

특허권 침해에 해당하지 않는 경우에는 가급적 합의를 진행하지 않고, 만약 침해의 가능성이 어느 정도 있는 경우에는 라이선스 계약을 설정하거나 특허권을 양수하는 것을 검토하게 된다. 동종 업계이거나 장기적으로 분쟁 가능성이 있는 경우에는 특허 라이선스 계약을 통해 사용권한을 획득하여 법률 리스크를 감소시키는 방법이다. 내가 가진 특허를 역으로 이용할 수 있다면 막대한 로열티를 지불하지 않고 비즈니스적으로 전략적인 제휴를 맺을 수 있다. 크로스 라이선스 계약은 삼성, 애플, 구글 등의 기업도 널리 활용하는 전략이다.

또한 상대방의 특허를 양수하여 법적인 분쟁 가능성을 완전히 제거하는 것도 고려할 수 있다. 핵심기술의 판매 가능성은 낮고 비용이 많이 발생하게 되므로 회사의 상황과 특허 침해 가능성을 종합적으로 고려하여 결정하게 된다.

3) 적극적으로 분쟁에 대응하는 방안

세상은 확률과 가능성으로 움직이는 복잡한 함수이다. 법률 분쟁도 가능성의 싸움이며, 경고장으로 분쟁이 마무리되는 경우가 많더라도 상대방이 경고장에서 멈출 것이라고 장담할 수 없다. 상대방이 본격적인 법적 분쟁을 시작하는 경우에는 잠재적인 리스크는 현실이 된다. 미리 검토해둔 비침해 근거자료와 전략은 향후 진행될 심판과 소송의 초석이 된다.

상대방이 제기한 심판과 소송이 기각 심결과 판결을 얻어내는 경우에는 일사부재리 원칙과 기판력 법리에 의해 동일한 내용의 심판과 소송을 제기할 수 없으므로 분쟁을 완전하게 해결할 수 있다. 마지막까지 싸워 이기는 결말이다.

비즈니스에서 해당 제품과 서비스의 매출액 비중이 큰 경우에는 소극적 권리범위확인심판을 제기하여 자신의 제품이 상대방의 특허 권리 범위에 속하지 않는다는 판단을 받을 수 있다. 제품과 서비스의 인기가 늘어나는 경우에는 매출액에 기반하여 특허권 침해로 인한 손해배상액도 증가하므로 법률적 리스크가 증가하게 된다. 시간이 지남에 따라 배상액은 기업의 생존을 위협할 정도로 커진다. 상대방은 침해 가능성이 있음을 알고도 의도적으로 손해액을 늘리기 위해 침해를 방임하고 서서히 움직이기 시작한다. 상대방이 의도적으로 분쟁을 지연시키는 경우에

창업자가 꼭 알아야 하는 특허 상식

분쟁의 리스크를 사전에 확인하는 길이 열려 있다.

경고음에서 분쟁과 승패의 가능성을 여러 각도에서 조명하여 객관적인 결론을 도출하여야 한다. 상대방이 발송한 경고장에서 침착하게 침해 가능성을 분석하고 대응하기 위한 방안을 검토함으로써 지식재산권 분쟁을 극복할 수 있다.

10 특허 무효심판, 다윗이 골리앗을 이기기 위한 방법

골리앗을 마주하는 다윗의 자세

'다윗과 골리앗'은 강자와 약자가 대립하는 경쟁 구도를 나타내는 대표적인 이야기이다. 〈구약성서〉에서 거인의 피를 물려받은 골리앗은 키가 2미터에 달할 정도로 크고 강해서 일대일로 맞설 자가 없었다. 작은 소년인 다윗이 정면 승부를 하였다면 누가 봐도 상대가 되지 않음을 잘 안다. 다윗은 도구로 불리함을 이겨냈다. 강물에서 주워 온 돌을 줄에 재빨리 연결하여 골리앗을 향해 던졌고 골리앗의 이마로 명중시켜 거인을 쓰러뜨렸다.

자금력과 인력에서 막대한 격차가 있는 스타트업과 대기업의 관계에서도 종종 비유되기도 한다. 특허 업계에서도 대기업은 대규모 연구개발(R&D) 비용을 지출하며 연간 수백 건에서 수천 건의 특허출원을 하며 자신의 사업영역을 보호하고 있다. 하지만 스타트업은 연간 10건의 특허를 출원하기도 힘든 것이 현실이다.

대기업과 스타트업의 비즈니스 영역이 중첩되는 부분에서 특허 분쟁이 자주 발생한다. 특허권자인 대기업은 먼저 특허 침해소송을 제기하거나 막대한 라이선스 비용을 요구한다. 스타트업이 특허 분쟁 과정에서 활용할 수 있는 도구이자 무기는 '특허무효심판'이다.

상대방의 공격이 블러핑일 수 있다

특허 분쟁에서 특허권자는 상대방이 제공하고 있는 제품과 서비스가 자신의 특허권을 침해한다고 주장한다. 처음 경고장과 소장을 받고 상대방이 주장하는 내용을 읽다 보면 자신도 모르게 '진짜 특허권을 침해했나?'라는 생각에 빠져드는 경우가 많다. '앵커링 효과(Anchoring effect)'라고도 불리는 휴리스틱의 일종이다. 여기서 상대방이 짜 놓은 프레임을 벗어나는 노력이 필요하다.

상대방이 주장하는 사실관계가 타당한지, 상대방이 자신에게 유리한 쪽으로 법리를 해석하지 않았는지, 실제 특허권 침해에 해당하는지 요건을 하나하나 살펴볼 필요가 있다. 상대방의 공격이 블러핑(Bluffing)이라면 가볍게 대응하며 넘어가면 충분하다. 만약 상대방의 주장이 일리가 있다면 자신에게 유리한 대응 방법을 고민하기 시작하여야 한다.

자신에게 유리한 전장으로 상대를 유인하자

다윗과 골리앗이 동일한 무기를 가지고 싸운다면 그 결과는 누구나 예측할 수 있다. 다윗이 골리앗을 이기기 위해서는 힘이 아닌 도구와 전략이 필요하다. 이처럼 기업의 특허 전략에서도 상대적 약자인 스타트업은 자신에게 유리한 환경과 무기를 가지는 곳으로 상대방을 유인해야 할 필요가 있다.

상대방이 제기한 침해소송에서 자신의 무고함을 다투는 것에서 멈추지 말고 자신이 유리한 전장으로 상대를 끌어들여야 한다. 여기서 유리한 전장이라 함은 '특허무효심판'을 의미한다. 특허무효심판은 특허권이 무효사유를 가지는 경우에 행정처분을 통해 해당 권리를 소급적으로 소멸시키는 절차이다.

특허무효심판을 통해 만약 특허가 무효가 되는 경우에는 내가 상대방의 특허발명과 동일한 기술을 사용하더라도 특허 침해에 해당하지 않게 된다. 자연스럽게 상대방이 제기한 특허 침해소송도 각하된다. 이미 사라진 권리에 대해서는 법적 책임을 물을 근거가 없어지기 때문에 특허무효심판은 다윗이 골리앗의 공격을 막아내기 위한 강력한 무기이다.

특허무효심판은 상대방의 특허침해소송에 대응할 수 있는 강력한 무기

특허무효심판을 통해 분쟁 가능성을 원천적으로 차단할 수 있다. 특허무효심판에서 승리한 경우에는 상대방의 특허를 소급적으로 소멸시킬 수 있다. 법적으로 특허의 소급소멸은 원래 특허가 없었던 것으로 보는 것이다.

상대방이 제기한 특허소송의 승패와 무관하게 상대방의 특허가 무효가 되었다면 이러한 법적 리스크를 회피할 수 있다. 손해배상의 의무도 사라지고 제품 판매가 중지되거나 제조설비를 폐기하지 않아도 된다. 따라서 상대방의 특허발명이 무효사유를 가지는지를 검토하는 것은 특허 분쟁의 대응 과정에서 가장 첫 번째 과제이다.

최근 특허소송을 전문으로 하는 특허 괴물들이 우리 기업들을 공격한다는 뉴스를 자주 접하게 된다. 기술 기반으로 창업한 스타트업들은 특허 분쟁 상황을 언제라도 맞닥뜨릴 수 있으므로 더욱 철저한 준비를 통해 특허침해 리스크를 관리하여야 한다.

상대방과 이미 라이선스 계약을 맺고 로열티를 지불하고 있는 상황이라면?

특허법은 무분별한 무효심판 청구를 방지하기 위하여 '이해관계인 또는 심사관'만이 특허 무효심판을 청구할 수 있도록 규정하고 있다. 사업 영역이 겹치지 않거나 상대방이 먼저 공격하는 등 이해관계가 없다면 심판을 청구할 수 없다. 가만히 있는 골리앗을 먼저 자극할 필요가 없다.

라이선스 계약을 통해 다른 기업에 실시료를 지불하고 있는 상황에서는 상황이 달라진다. 특허를 가지고 있는 A기업이 라이선스 계약을 통해 B기업에게 기술 사용료 매달 1억 원을 받고 있다고 가정해 보자.

A기업은 라이선스 계약을 통해 B기업에게 로열티를 받는 대가로 B기업에게 사용권한을 제공하였다. A기업은 B기업의 제품 판매행위에 법적인 문제를 삼을 수 없다.

반대로 B기업은 A기업에게 지불하는 비용이 과도하다고 생각할 수 있고, A기업의 특허가 세상에 알려진 기술과 비슷한데 비용을 징수하는 것이 부당하다고 판단할 수 있다. 중소기업이나 스타트업들은 대기업인 A기업과 분쟁하기 꺼려하기 때문에 우선적으로 라이선스 계약을 체결한 경우도 많다. 그렇기 때문에, B기업은 A기업의 특허가 무효사유가 인정된다고 판단되면 '특허무효심판'을 통해 특허를 무효화하고, 매달 1억 원의 로열티를 지급하지 않는 전략적 의사결정을 할 수 있다. A기업의 특허가 사라지면 사용료를 징수할 근거도 사라진다.

K-뷰티의 선두주자, 쿠션 팩트 화장품 특허 분쟁

아모레퍼시픽이 세계 최초로 개발한 '쿠션'은 2008년 출시 이후 전 세계에 누적 판매량 1억 개를 넘길 정도로 널리 알려진 화장품이다. 명품 화장품 브랜드 랑콤은 아모레퍼시픽이 새롭게 개발한 쿠션 팩트를 '파운데이션의 혁명'이라고 칭할 만큼 당시에는 혁신적이고 새로운 제품으로 평가받았다. 쿠션은 현재까지도 전 세계적인 인기를 얻고 있는 제품이다.

아모레퍼시픽의 성공에 힘입어 국내 쿠션 팩트 시장은 2008년 신제품 출시 이후 지속적으로 성장하였다. 국내외 주요 화장품 업체들은 미투 전략의 일종으로 다양한 쿠션 관련 제품을 출시하며 하나둘씩 시장에 진입하기 시작하였다. 선두 주자 아모레퍼시픽이 선택한 대응은 특허권 행사였다. 아모레퍼시픽은 후발 주자들이 유사한 형태의 쿠션을 제작해 판매하자 쿠션의 우레탄폼 특허를 기초로 경쟁사의 제품 판매를 막기 위한 법적 분쟁을 펼쳐왔다.

하지만 시장의 압력을 이기지 못한 아모레퍼시픽은 2015년 이후부터는 로열티를 지불을 원하는 글로벌 화장품 기업인 LVMH, 디올, 국내 ODM 업체인 한국콜마, 코스메카코라아 등에게 통상실시권을 허락하여 쿠션 파운데이션 제조를 허락하였다. 아모레퍼시픽은 시장이 커질수록 경쟁사의 매출이 커질수록 부수입을 얻게 되는 황금알을 낳는 특허 거위를 가지게 된 것이다. '쿠션'은 막대한 판매량으로 얻는 수익 이외에도 수많은 화장품 제조사로부터 로열티를 얻는 방식으로 효자 노릇을 톡톡히 하였다.

로열티 지급에 부담을 느낀 국내 화장품 제조사 코스맥스 등은 아모레의 쿠션 특허는 무효라고 주장하며 특허 무효심판을 청구하였다. 특허권자의 위협에 대응하여 특허무효심판이라는 비대칭 무기를 전략적으로 활용했다. 결국 코스맥스의 전략은 성공했다. 아모레퍼시픽은 무효가 되기 직전에 정정심판을 통해 특허권이 무효가 되는 것을 막아냈지만 권리범위에서 상당한 타협을 하였다. 대법원의 판결은 '쿠션'의 제조 기술에 대해 특정 기업의 독점을 쉽게 허락하지 않겠다는 입장으로 보인다.

세계인의 화장 문화를 바꾼 쿠션 혁명의 제1막은 아모레퍼시픽에게 큰 상처를 남긴 승리로 끝났다. 확실한 기술적 우위를 가진 경우에만 특허가 살아남을 수 있다는 상징적인 사례이다. 이번 분쟁을 통해 대부분의 화장품 업체들은 로열티를 지급하지 않고 다양한 쿠션 제품을 생산할 가능성이 높아졌다. 상대방의 무기를 무력화하는 특허 무효심판을 잘 활용한 기업이 특허전쟁에서 살아남을 수 있다는 교훈을 남겼다.

11 회사 재직 중의 아이디어로 창업을 한다면 _____

창업을 위한 아이디어의 주인을 찾아서

최근의 스타트업 창업 트렌드는 캠퍼스 창업보다 직장 경험이 있는 창업이 늘고 있다는 점이 특징이다. 짧게는 수년간 회사에서 근무하며 창업을 위한 노하우나 인적 네트워크를 다지고 창업의 단계로 나아가는 경우가 많다. 투자자도 창업자와 구성원의 경력을 중요하게 살펴본다. 이번 사업 아이템에 실패해도 팀의 경험과 경력을 살려 새로운 아이템을 찾으면 되기 때문이다.

그러나 창업자와 직원들이 보유한 역량과 기술이 이전 직장의 영업비밀이나 직무와 관련된다면 추후 분쟁이 발생할 가능성이 있다. 사업 아이디어의 주인에 따라 분쟁의 향방이 결정된다. 특히 기술창업은 길게는 수십 년간 쌓아온 자신의 기술이나 연구결과를 기초로 창업을 하게 되므로 이전 직장과 법적 분쟁이 발생할 가능성이 훨씬 높다.

스타트업의 창업을 위한 핵심 아이디어가 기존에 근무하던 회사의 업무와 관련성이 있는 경우에 사업 리스크가 발생한다. 해당 기술을 보호하고자 특허를 획득하고 사업을 진행하게 되면 발명의 주인이 누구인지에 따라 분쟁의 소지가 있다. 사업 리스크 측면에서 관리가 필요하다. 매출액이 증가하고 기술을 활용한 사업이 확장될수록 리스크는 치명적으로 작용한다. 창업자는 스타트업이 성장하기 전 단계에서 사전적으로 해당 기술이나 아이디어가 전 직장의 직무발명에 해당할 가능성이 있는지 검토하여야 한다.

이전 직장의 직무 관련성이 핵심 포인트

회사 재직 중에 불현듯 떠오른 다양한 아이디어를 무심코 지나치는 경우가 많다. 스쳐가는 아이디어가 고객들의 니즈와 부합하는 경우 사업 아이디어로 구체화되어 새로운 비즈니스가 탄생하는 원천이 된다. 최근 스타트업 업계에 합류한 많은 창업자들이 수년간의 회사 경험을 토대로 형성된 네트워크, 기술적 기반, 아이디어를 통해 새로운 비즈니스를 시작하였다.

하지만 창업 아이템으로 선정한 아이디어나 기술이 전 직장에서 관리하던 기밀에 관한 내용이거나 이전에 하던 업무의 연장선상에 있는 경우에는 추후 발명의 성격에 따라 권리의 귀속주체가 누구인지 문제가 될 수 있다. '직무발명'은 회사 재직 당시의 업무 범위에 속하는 발명을 의미한다. 아이디어나 기술이 회사 재직 중의 업무범위에 속하지 않는 경우에는 전 직장의 근무 당시에 구상한 사업 아이템이더라도 직무발명이 문제가 되지 않는다.

예를 들어 IT 기업에서 모바일 게임을 위한 JAVA 프로그래머로 활동하던 개발자가 자신의 직무 범위를 벗어나, 평소에 관심이 있던 레저 용품을 발명하거나 블록체인을 위한 거래 플랫폼을 개발하는 경우에는 '현재 또는 과거의 직무'와 관련성이 없기 때문에 이는 직무발명에 속하지 않게 된다.

직무발명의 권리자는 누구일까 - 회사 vs 발명자

1) 원칙적으로 직무발명의 주인은 '발명자'

별도의 계약사항이 없는 경우 원칙적으로 직무발명의 권리자는 '발명자'이다. 다만 회사가 제품이나 기술의 연구개발 과정에 비용을 지출하고 직원들의 급여를 제공하고 있기 때문에 발명진흥법은 사용자인 '회사'에게도 일정한 권리를 인정하고 있다.

즉 직원이 직무발명을 하여 특허를 획득한 경우에는 발명자는 특허권을 가지고 특허권자 지위에서 발명을 이용할 수 있으며, '회사'에게는 그 발명을 실시할 수 있는 무상의 '통상실시권'이 인정되므로 이러한 권리에 기초하여 발명을 실시할 수 있다. 다만 사용자가 중소기업이 아닌 대기업인 경우 직원과의 협의를 거쳐 미리 계약 또는 근무규정을 체결 또는 작성하는 경우에만 사용자에게 '통상실시권'을 인정한다는 특징이 있다.

따라서 직무발명에 대해 특허를 받은 경우 '발명자'가 권리를 가지게 되므로 별도의 계약이 없는 한 직무발명에 대한 자신의 권리를 주장하며 새로운 창업 아이템으로 활용할 수 있다. 다만 사업자인 회사에게도 '통상실시권'이라는 무상의 사용권한이 인정되므로 향후 불가피하게 시장의 경쟁자로 다시 만날 수 있다.

2) '회사'가 직무발명의 권리를 가지는 경우 - 권리 승계 규정의 존부가 핵심

'통상실시권'은 회사가 가지는 최소한의 권리이다. 많은 회사들은 근로계약서 또는 별도의 계약으로 '직무발명을 승계하는 근무규정'을 두거나, '직무발명을 승계하는 계약'을 체결하여 직무발명에 대한 권리를 승계하고 있다. 직무발명에 대한 특허를 받을 수 있는 권리를 사용자(회사)에게 승계하는 조항이 있는 경우에는 직무발명은 회사의 소유가 된다.

창업 아이템으로 선정한 아이디어 또는 기술이 직무발명에 해당할 가능성이 있는지 검토하는 것이 첫 번째 검토 사항이다. 그다음에는 이전 직장의 근무규정과 계약서를 살펴보고 '직무발명의 사전승계 규정'에서 어떤 내용을 합의하였는지 살펴보아야 한다. 발명의 권리를 승계하였는지 근로계약서나 승계약정서를 확인해야 한다.

창업자가 직무발명이 회사로 귀속되었는지 모르는 상태에서 특허를 획득할 수도 있다. 특허청은 직원과 회사의 내부 계약관계를 파악하기 힘들기 때문이다. 특허심사를 통과하여 해당 기술에 특허를 획득하더라도 회사와 계약관계로 얽혀 있는 특허는 특허무효사유를 가지게 된다. '직무발명에 관한 권리의 승계 규정'의 존부는 사업의 존립을 위태롭게 할 수 있는 중대한 부분이다. 신사업 계획의 수립단계에서 검토할 필요가 있는 핵심 검토사항이다.

창업자가 꼭 알아야 하는 특허 상식

회사에 공개하지 않은 발명, 문제가 될까?

네이버는 삼성SDS의 사내 벤처제도를 통해 탄생했다. 1995년 삼성전자 본사에서 이해진 과장은 인터넷 개발 프로젝트 중단에 반발했다. 팀을 없앤다면 동료들과 함께 퇴사하겠다는 배수진을 쳤고 온라인 검색엔진 시장을 제패할 새로운 서비스를 기획했다. 회사에 제안한 아이디어가 받아들여져 신사업이 진행된 사례이다.

만약 삼성이 이해진 의장의 제안을 무시했다면 어떻게 되었을까? 아마 사내 창업을 하지 않고 스스로 창업했을 가능성이 높다. 많은 창업자들이 회사에서 받아들이지 않은 아이디어로 창업을 시작한다. 회사에 연구 결과물을 공개하지 않고 퇴사 후 발명을 공개하여도 문제가 된다.

직무발명은 직원의 직무상 발명을 말한다. 직원과 회사의 고용계약이 유지되었는지를 기준으로 직무발명의 주인이 결정된다. 발명의 완성 당시에 회사와 고용계약이 유지되고 있었다면 직무발명의 귀속주체는 회사이다. 전 직장에서 개발한 기술이나 아이디어를 완성하고, 회사에 공개하지 않은 상태로 퇴사하여 창업한 경우라면 직무발명은 전 직장의 소유가 된다.

서비스를 기획하고 구체적인 내용을 완성하지 않은 상태라면 창업자가 발명을 소유한다. 이전 직장에서 발명의 대부분이 완성된 경우에만 이전 직장이 권리를 가진다. 그렇기 때문에 아이디어가 어느 정도로 성숙되었는지를 고려하여야 한다. 만약 발명의 기본적인 골격을 구성하고 창업 후에 발명의 구체적인 내용을 완성한 경우에는 그 발명은 스타트업의 직무발명으로 보아야 한다.

기술창업에 필요한 특허 관리 전략 - 유전자 가위 이슈

'유전자 가위 특허 탈취 논란'은 수년째 세계를 뜨겁게 달군 특허 이슈이다. 화이자, 모더나의 코로나19 mRNA 백신도 유전자 가위 기술 없이는 개발이 불가능했을 정도로 차세대 바이오 기술로 각광받고 있다. 난치병 치료나 미용 등 다양한 목적으로 유전자 가위를 활용할 수 있어, 유전자 가위(Gene Scissor) 기술은 수천억 원대의 경제적 가치를 가지는 것으로 평가받고 있다.

유전자 가위 기술을 개발한 교수는 서울대와 기초과학연구원(IBS)에서 근무하며 발명한 기술을 자신의 회사로 빼돌린 혐의를 받아 수년간 법정 분쟁을 지속하였다. 정부지원을 받은 창의연구과제와 회사가 특허받은 유전자 가위 기술이 동일하다는 것이 분쟁의 이유이다. 회사나 대학교에서 연구개발한 성과물과 유사한 기술로 창업을 하는 과정에서 자주 발생하는 대표적인 분쟁 사례이다.

세계적인 창업 트렌드에 발맞춰 기업이나 연구실에서 연구한 성과를 기초로 기술창업을 성공하고 안정적으로 기업을 운영하는 스타트업들이 증가하고 있다. 사내벤처나 연구실 창업의 방식으로 기술창업을 하면 자신이 참여한 프로젝트나 연구개발 내용을 누구보다 잘 활용할 수 있고, 내부의 리소스를 활용하면서 체계적으로 시장 진출 준비를 진행할 수 있는 장점이 있다. 하지만 이러한 기술창업 과정이 언제나 순탄한 것은 아니다.

기술창업 과정에서 이전에 몸담았던 기업이나 대학과의 기술 탈취나 특허 소유권 분쟁의 위험이 언제든지 도사리고 있기 때문이다. 고용관

창업자가 꼭 알아야 하는 특허 상식

계에 있는 직원이 회사의 내부 리소스를 이용하거나 연구개발비를 지원받은 과제의 연구성과는 창업자의 온전한 몫이 아니라는 점을 항상 염두에 두어야 한다. 기술창업자는 해당 기술이나 특허를 활용할 때 반드시 이러한 숨겨진 법률 리스크까지도 고려할 필요가 있다.

기술창업에 활용한 발명이 '직무발명'이라면, 직무발명으로 신고하지 않고 다른 기업의 명의로 특허출원하거나 특허권을 이전하는 경우에는 발명 소유권 분쟁, 배임 등의 민형사적 문제가 발생할 수 있다.

내가 연구개발을 한 결과물이 직무 관련성이 인정되거나 연구과제와 관련이 있는 발명에 대해서는 회사나 산학협력단과의 승계 조항까지 고려하여야 한다. 직무발명의 승계 조항을 약정하였다면 해당 직무발명은 회사나 산학협력단의 소유이므로 퇴사 이후에 특허를 획득하였더라도 특허의 소유권을 더는 주장할 수 없게 된다.

또한 판매 제품에서 해당 기술의 기여도가 크거나 회사의 핵심기술인 경우에는 회사의 존립까지도 결정하게 되는 중요한 요소이므로 철저한 사전 준비가 필요하다. 프로젝트나 연구주제와 기술창업에 활용된 기술이 유사한지, 연구노트와 미팅자료, 특허 문서의 내용을 종합하여 직무 관련성을 사전에 평가함으로써 분쟁 리스크를 경감시킬 수 있다.

기술창업의 대상이 된 기술/특허의 소유권을 회사나 산학협력단이 보유하고 있다면 일정한 비용을 지불하여 해당 기술/특허의 사용권한을 획득하는 것을 적극적으로 권장하고 있다. 창업자는 라이선스 계약을 체결하여 매출액의 일정 비율에 대해 기술/특허 사용료를 지불하여 법적으로 보호를 받을 수 있다. 비용에 대한 반대급부로 법적으로 정당한 사용 권한을 획득하여 분쟁의 여지를 줄일 수 있다.

스타트업 특허 바이블

만약 사업을 수행하는 핵심 기술/특허이고 향후 지속할 사업에 큰 영향을 주는 경우에는 해당 기술/특허를 매매하는 계약을 체결할 수 있다. 해당 기술/특허를 매매하게 되면 완전한 소유권을 가지게 되므로 매출액 성과를 분배하지 않아도 되고, 후속 제품의 출시 과정에서 발생하는 법률 리스크를 사전에 제거할 수 있다.

최근에는 정부출연 연구소에서 개발한 기술을 구매한 경우에는 정부지원 사업이나 정부 인증사업의 지원에 가산점을 부여하고 있으므로 부수적인 혜택을 누릴 수도 있다. 한때 몸담았던 조직에서의 추억도 소중하지만 언제든지 발생할 수 있는 기술/특허 분쟁의 리스크도 철저하게 관리할 필요가 있다.

창업자가 꼭 알아야 하는 특허 상식

12 협업의 시대, 내 아이디어를 지키기 위한 법률 상식 ────────

협업의 시대, 공동발명과 법률 이슈

지금 이 순간에도 다양한 분야에서 협업이 이루어지고 있다. 코로나19 확산으로 인한 재택근무로 협업의 중요성이 더욱 강조되고 있다. 팀원들이 합심하여 진행한 프로젝트 결과물, 고객사의 주문으로 만들어진 제품, 기업과 대학이 공동 연구하여 개발한 기술 등 다양한 협업 과정에서 유무형의 창작물이 만들어진다.

협업 과정에서 만들어진 창작물은 참여자들이 성과를 공유한다. 내 생각과 아이디어가 반영되어 발명으로 탄생하는 순간에 공동발명자로서 일정한 권리를 가지게 된다. 특허법과 발명진흥법에서는 공동발명의 이해관계를 조율한다. 공동발명자의 지위를 어떻게 인정받을 수 있는지, 공동발명자의 권리가 무엇인지 공동발명으로 발생할 수 있는 법률적 이슈를 확인할 필요가 있다.

비즈니스 모델도 특허가 될 수 있는 만큼 스타트업에서 초기 구성원들이 비즈니스 모델 수립에 기여한 정도에 따라 공동발명의 이슈가 발생할 수 있다. 공동창업자 중 일부가 이탈하는 상황에서 회사의 특허 지분을 양도하는 거부하는 문제도 자주 발생하기 때문에 계약을 통한 명확한 권리관계 설정이 필요하다.

협업으로 탄생한 발명은 공동발명에 해당한다

1) 공동발명 판단의 첫 번째 키워드: 무임승차자는 공동발명자가 될 수 없다

동료의 도움 없이 스스로 아이디어를 떠올리고 연구개발한 발명은 '단독발명'으로 부른다. 2인 이상이 협력하여 발명한 발명이 '공동발명'에 해당한다. 하지만 협업 과정에 참여하였더라도 어느 경우에나 공동발명자의 지위를 인정받을 수 있는 것은 아니다. 만약 연구개발을 위한 자금을 지원하였지만 아이디어가 무엇인지도 모르는 상대방에게 공동발명자의 지위를 인정한다면 실제 연구개발 과정에 참여한 당사자의 권리가 박탈하는 결과가 되기 때문이다. 공동창업자가 만들어 낸 성과도 각자의 실제 기여도를 고려하여 공동발명자를 정한다.

참여자 모두에게 발명자의 지위를 인정한다면 최근 유행하는 크라우드 펀딩을 통해 스타트업의 제품이 완성되는 경우에도 자금을 제공한 투자자에게 발명의 권리를 인정해야 할 수도 있다. 특허법은 발명의 완성 과정에 실질적으로 협력하고 발명 과정에 기여한 사람만을 공동발명자로 인정하고 있다.

발명의 완성 과정에 각 당사자가 실질적으로 상호 협력을 하는 관계가 인정되어야 한다. 발명의 핵심 아이디어를 제안하는 데 기여하였거나 테스트와 검증이 중요한 분야라면 실제 성과를 창출하는 과정에 한 역할이 중요하다. 투자자와 네트워킹을 주선하거나 비즈니스 모델을 개선하는 조언으로는 공동발명자의 지위를 인정받을 수 없다.

2) 공동발명 판단의 두 번째 키워드: 발명의 '착상' 과정과 '구체화' 과정을 모두 고려한다

발명이 탄생하는 과정은 처음 아이디어를 떠올리는 '착상' 과정과 이러한 아이디어를 '구체화'하는 과정으로 구분할 수 있다. 발명의 완성 과정에 참여한 사람들이 공동발명자인지 여부를 판단하기 위해서도 발명이 어떻게 탄생하는지를 고려한다면 보다 쉽게 공동발명자를 판단할 수 있다. 협업에 참여한 사람들이 발명의 '착상' 단계와 '구체화' 단계에서 모두 역할을 하였다면 공동발명자로 인정받을 수 있는 것이다.

만약 발명의 '착상' 과정에서 아이디어만을 제공하고 이후 '구체화' 과정에서는 아무런 역할을 하지 않는 경우에는 발명자로 인정받을 수 없다. 그 반대의 경우에도 마찬가지이다. 실험과 데이터 확보가 중요한 화학발명의 경우에는 발명의 구체화를 위한 실험 과정에 참여하였는지 여부가 중요하게 다루어진다. 이와 달리 전자와 기계 분야에서는 발명의 착상 과정에 기여한 정도를 중요하게 고려하고 있다. 분야별 특성을 반영하여 기여도를 측정하게 된다.

발명자는 연구개발을 통해 만들어진 발명에 기여한 사람을 말한다.

자금을 지원한 기업은 계약을 통해 지분에 관한 권리를 인정받을 수 있으나, 연구개발 활동에 실질적으로 참여하지 않았으므로 발명자가 가지는 명예와 지위까지는 인정받을 수 없다.

- 단순히 발명에 대한 기본적인 과제와 아이디어만을 제공한 경우
- 연구자를 일반적으로 관리한 경우
- 연구자의 지시로 데이터의 정리와 실험만을 한 경우
- 자금·설비 등을 제공하여 발명의 완성을 후원·위탁하였을 뿐인 경우

공동발명자는 권리를 공유한다

부동산과 같은 유형자산에 여러 명이 지분을 나누어 공유할 수 있는 것처럼 무형자산인 특허도 각 당사자들이 권리에 대한 지분을 공유할 수 있다. 단독으로 발명한 이후에 제3자에게 권리를 양도하는 방식으로 공유할 수도 있다.

특허법은 공동으로 발명한 경우에는 공동발명자 사이에서 지분을 공유하도록 강제하고 있다. 하지만 지분 비율은 별도의 규정을 두지 않기 때문에 당사자 사이의 협의를 통해 정하는 것이 일반적이다.

당사자 사이에 별도의 협의가 없는 경우에는 민법상 물건의 공유에 관한 일반원칙에 따라 공동발명자 간의 지분 비율을 균등한 것으로 추정한다. 두 명이 공동발명을 한 경우에는 지분을 5:5로 나눠 갖는다. 특허권을 획득한 이후에 기술이전이나 라이선싱을 통해 수익이 발생하는

경우에는 지분 비율에 의해 수익이 분배되게 되므로 미리 협의를 통해 지분 비율을 설정하는 것이 바람직하다.

권리를 공유할 때 발생하는 권한과 책임

1) 자신의 지분 비율과 무관하게 자유로운 사용이 가능

공동발명자들이 특허권을 획득한 경우에는 자신의 발명을 자유롭게 실시할 수 있다. 1% 지분을 가진 당사자와 99% 지분을 가진 당사자는 지분과 무관하게 자유롭게 자신의 발명을 실시할 수 있다. 계약으로 제한하지 않는 한 공동권리자들은 상대방이 특허를 활용하여 적극적으로 수익을 얻는 것까지 통제할 수 없다. 사업 역량을 발휘하여 자신이 원하는 방법으로 수익을 얻을 수 있는 자유가 주어진다.

2) 공동발명자 모두가 공동으로 출원하여야 할 것

공동발명자는 특허를 받을 수 있는 권리를 공유하게 된다. 공동발명자는 모두가 공동으로 특허출원 절차를 진행하여야 한다. 만약 공동발명자 중 일부를 누락하고 출원하여 특허를 받더라도 해당 특허는 하자 있는 특허로서 특허 무효사유를 가지게 되므로 법적 분쟁의 씨앗이 될 수 있다. 성과에 기여한 당사자들이 협력하지 않으면 그 누구에게도 독점 권한을 부여하지 않겠다는 입법자의 의도이다. 함께 협업한 동료와 연구자들, 협업하였던 기업들의 역할을 고려하여 공동출원인으로 포함할 필요가 있다.

3) 권리 양도에 일정한 제약이 있다

공동발명자가 가지고 있는 지분을 타인에게 양도하기 위해서는 다른 공유자의 동의를 받아야 한다. 제3자가 지분을 양도받을 경우 제3자가 투입하는 자본의 규모 · 기술 및 능력 등에 따라 경제적 효과가 현저하게 달라지게 된다. 만약 1%의 지분을 가지는 공유자가 자신의 지분을 자금력이 좋은 기업에 양도하였다면 99%의 지분을 가진 당사자의 지위가 불안정해진다. 다른 공유자 지분의 경제적 가치에도 상당한 변동을 가져올 수 있기 때문에 특허법은 권리자를 보호하기 위한 규정을 두고 있다.

계약을 통한 공동창업의 법적 리스크 관리

구글의 래리 페이지와 세르게이 브린은 스탠퍼드 대학교 박사 과정에서 만나 같이 창업했다. 창업 과정에서 비전을 공유하는 공동창업자는 의지할 수 있는 힘을 준다. 공동창업자들은 기업 운영부터 제품 개발, 자금, 인사, 법률, 마케팅까지 다양한 역할을 분담할 수 있다. 투자자들도 현실적인 이유로 리스크 관리를 위해 공동창업을 장려한다.

사업이 지속되며 공동창업자들이 이탈하는 것은 흔한 일이다. 출시한 제품의 반응이 좋아 스타트업이 성장하면 수익 분배가 문제가 되고, 성장이 멈추고 시장의 반응이 좋지 않으면 회사의 미래를 고민한다. 의사결정 효율을 위해 대표이사 1인에게 대주주의 지위를 부여하면 이해관계와 신뢰가 충돌하는 지점이 자주 발생한다. 동업계약에서 지분관계도 중요하지만 공동창업자의 이탈 과정에서 발생할 수 있는 분쟁을 예방하는 규정이 필요하다.

특허 제도는 권리를 공유하고 있는 당사자들의 권한을 제한하고 있다. 당사자 중 일부가 지분을 양도하기 위해서는 다른 공유자들 모두의 동의를 받아야 한다. 특허를 활용한 담보대출을 위해서 질권을 설정하는 과정에서도 공유자들의 동의가 필요하다. 그렇기 때문에 특허의 속성은 공동창업자가 이탈할 때 심각한 문제를 발생할 여지를 준다. 회사의 핵심기술에 대해 특허권을 공유하고 있는 경우에는 지분을 가지고 있는 창업자는 회사의 리스크로 돌아온다. 지분을 가지는 특허권자는 발명을 자유롭게 실시할 수 있으므로 새로운 회사를 창업하여 같은 제품을 만들더라도 이를 저지할 수 없다.

동업계약서에 공동창업자가 퇴사 시 특허를 매입하기 위한 바이아웃(Buy-out)을 강제하거나 조건부 지분 포기 조항을 포함하여 공동창업자의 퇴사에도 회사가 특허를 보유할 수 있도록 계약을 명확하게 할 필요가 있다. 장밋빛 미래와 함께 아름다운 이별을 준비해야 한다.

스타트업 특허 바이블

13 One more thing, 기업에게 필요한 비밀 관리

기업에게 필요한 비밀관리 전략

"하나 더(One more thing)."

스티브 잡스의 프레젠테이션이 그리운 이유는 우리를 설레게 하였던 서프라이즈가 있었기 때문일지도 모른다. 스마트폰의 시작을 알린 아이폰과 서류 봉투에서 꺼낸 아이패드는 그 누구도 예상치 못한 순간에 등장하였다.

신제품의 공개를 위해서는 최소 수개월, 수년 전부터 해당 제품을 개발하는 작업이 이루어지고, 공개 이전까지 비밀을 유지하는 데 각고의 노력을 기울이고 있다. 한순간의 실수로 출시 예정인 제품의 콘셉트가 유출되면 "One more thing"의 설렘과 반전의 재미는 반감될 것이다. 제품이 공개된 이후에는 경쟁사의 추격을 피할 수 없다. 심지어 내가 공개한 내 제품에 의해 권리화를 실패할 수 있으며, 해외 특허전략에도 영향을 준다. 기업이 내 제품을 보호하기 위한 확실한 방법은 지식재산 제도를 이해하고 영업비밀을 보호하는 전략을 수립하는 것이다. 제품을 공개하는 시기와 방법을 조절하는 것도 전략의 일환이다.

내 제품의 출시와 공개, 세상에 알려진 대가는 치명적

삼성과 애플은 매년 가을 신제품을 공개하고 있다. 2021년 삼성전자는 z플립 3을 출시하며 폴더블 시장의 선두 주자임을 세상에 알렸고, 애플도 카메라 기능을 강화한 아이폰 13을 공개하였다. 기업들은 새로운 제품은 선보이고 시장의 반응을 확인하며 피드백을 다음 제품에 반영한다.

스타트업에게 시제품 출시는 숙명이다. 핵심 기능을 갖추고 있는 최소 기능 제품(MVP)에 고객의 반응을 반영하여 양산형 제품을 출시하는 전략을 취한다. 스타트업의 가설이 실제 시장에서도 유효한지 검증하기 위해서는 고객의 사용 후기를 학습하는 것이 필수이다.

신제품 출시나 제품 테스트 과정에서 기술이 외부에 공개된다. 투자자나 고객사에 제안서를 보내면서도 기술은 외부에 공개된다. 다양한 이유로 내 제품이 공개되는 순간 기업에게 다양한 리스크가 발생한다. 경쟁사는 공개된 제품을 분해하여 그 즉시 카피 제품을 출시할 수 있다. 경쟁사의 모방의 리스크를 줄이기 위해서는 기술을 공개하기 이전에 특허출원을 선점하는 전략이 필요하다. 그리고 기업 내부에서 관리되던 기술이 유출되면 더는 영업비밀로 경제적 이익을 얻기 힘들다. 기업은 제품 출시 이전까지는 제품과 기술이 공개되지 않도록 유지하고 원하는 타이밍까지 적절하게 영업비밀을 관리할 필요가 있다.

내가 공개한 내 발명, 나의 발목을 잡을 수도 있다

특허 제도는 공개된 기술에 대해서는 권리를 인정하지 않는다. 누구나 사용할 수 있는 공유재산으로 본다. 삼성전자가 갤럭시 언팩 행사에서 이미 공개한 인폴딩(In-folding) 방식의 스마트폰을 누군가가 권리를 획득하고자 하더라도 세상에 알려진 기술을 권리화하는 것은 사회적 효용이 없기 때문에 특허 제도는 특허를 인정하지 않는 것이다. 이는 제품을 모방한 제3자에게만 적용되는 것이 아니라 당사자인 삼성전자에게도 적용되는 지식재산 제도의 대원칙이다.

이미 세상에 공개된 제품과 동일한 제품을 특허출원한다면 특허청의 심사를 통과하지 못할 가능성이 높다. 만약 심사과정에서 제품이 공개된 사실이 발견되지 않더라도 해당 특허는 언제든지 무효가 될 법적 리스크를 지닌다.

특허 제도는 내가 공개한 내 발명이 나의 발목을 잡는 불합리한 상황을 방지하고 있다. 특허출원의 당사자에게는 일정한 예외를 인정하고 있다. 특허제도는 내 발명이 공개되고 12개월까지는 유예기간(Grace Period)을 두어 내 발명에 의해 거절되는 불합리를 줄이고 있다. 너무 긴 유예기간을 둔다면 시장 상황에 따라 권리화를 지연할 가능성이 높기 때문에 대부분의 국가에서는 발명의 공개 후 일정한 기간 내에 특허출원할 것을 요구하고 있다.

기술을 공개한 당사자에게 공개한 무조건 특허를 인정해주는 것은 아니다. 내 발명이 공개되고 12개월이 지났다면 해당 발명은 당사자라고 하더라도 권리를 획득하지 못하게 된다.

그렇다면 제품 출시 전에는 무엇을 고려하여야 할까?

1) 국가별 제품 공개 시점과 특허출원 관리

국가별로 특허를 별도로 획득하는 과정에서 조금 복잡한 상황이 발생한다. 내 제품이 미국, 중국, 일본 등지에서 공개되었더라도 위와 동일한 상황에 놓이게 된다. 전 세계 어디서든지 같은 기술이 공개되었다면 특허를 받을 수 없다. 국가별 제품 출시일이 달라지는 경우에 조금 늦었다는 이유로 특허를 받지 못할 수 있다. 따라서 국가별 제품의 공개일자와 국가별 특허출원 시기를 조절하여야 한다.

한국과 일본은 제품의 공개일로부터 '자국의 특허출원'이 12개월 이내일 것을 요구하고 있다. 유럽과 중국은 자신의 발명이더라도 공지예외를 인정하는 범위를 상당히 제한하고 있다. 미국은 조약우선권을 주장하는 조건으로 '타국의 특허출원'이 12개월 이내이면 공지예외를 인정받을 수 있다. 제품의 공개 시점 이전에 사업 가능성이 있는 국가들에 특허출원을 하는 것이 바람직하지만, 국가별로 제도의 차이점을 고려하여 유예기간을 활용할 수 있다.

2) 비밀유지약정(NDA)을 적절히 활용

제품의 시제품을 공개하는 경우나 투자자나 고객사에게 제안서를 보내는 과정에서 비밀유지약정(NDA: Non Disclosure Agreement)

을 체결할 수 있다. 후속 제품의 개발까지 상당한 시간이 소요될 수 있으므로 제품의 외부 공개 이전까지 노출된 정보의 외부 유출을 방지할 수 있다.

언제든지 개별 당사자의 이해관계의 차이로 제품 개발이 중단되거나 고객사가 달라질 수도 있기 때문에 법적 구속력을 갖는 약정서의 작성을 통해 법적 리스크를 줄일 수 있다. 정식 계약서 작성까지 힘들다면 간소화한 일부 조항에 대한 서명으로 대체하는 것도 하나의 방법이다.

한국에서는 비밀유지 의무를 가진 당사자에게 자신의 발명을 공개하더라도 법적으로는 공개되지 않은 것으로 인정하기 때문에 적극적으로 위 약정을 활용하는 것이 필요하다. 다만 미국 등의 일부 국가에서는 특정인에게 공개한 것만으로 신규성 상실이 가능하므로 더욱 세심하게 주의하여야 한다.

"One more thing." 그 찰나의 순간은 영광스럽다. 하지만, 공개되는 기술과 제품을 보호하기까지는 기업의 보이지 않는 수많은 노력과 관심이 필요하다.

V

지식이 재산이 되는 시대

01 4차 산업시대를 준비하기 위한 특허 _____

4차 산업과 뉴테크의 세상

2016년 다보스 포럼에서 4차 산업이 제안된 이래로 세상은 점차 지식기반 사회로 변화하고 있다. 지식(Intellect)이 재산(Property)이 되는 시대이다. 기술의 발전과 함께 정보와 지식의 물결이 큰 파도를 만들면서 다가오고 있다. 앨빈 토플러는 〈제3의 물결〉을 통해 농업 혁명에 의한 첫 번째 물결, 산업 혁명에 의한 두 번째 물결, 정보 혁명에 의한 세 번째 물결을 예견하였다. 제3의 물결에 의해 인터넷으로 대표되는 정보기술(IT)은 우리의 삶의 일부가 되었다.

스마트폰이 처음 등장하고 15년 차를 맞이하는 지금은 디바이스를 넘어서 클라우드와 사물인터넷이 산업의 지형을 바꾸고 있다. 인공지능, 가상현실, 블록체인과 같은 기술은 새로운 혁신을 만들어 내고 있다. 우리는 매일매일 새로운 기술이 탄생하는 뉴테크(New-Tech)의 세상에 살고 있다.

"제4차 산업혁명은 단순히 기기와 시스템을 연결하고 스마트화하는 데 그치지 않고 훨씬 넓은 범주까지 아우른다."

– 클라우드 슈바프 –

온라인 서점으로 시작했던 아마존은 세계 최대 인터넷 쇼핑몰로 성장하였다. 이제는 클라우드 시장의 1위 기업으로 자리 잡았고 빅데이터와 사물인터넷 기술을 결합하여 미래의 물류를 바꾸는 최전선에 있다. 페이스북도 메타버스 시대의 선두주자로서 자리매김하려는 의지를 담아 사명을 메타로 변경하였다. 자본주의 역사상 세계 최대의 기업가치를 가지는 빅테크 기업들도 새로운 기술을 적극적으로 받아들이며 사업을 확장해 나아가고 있다.

국내에서도 ICT 기술을 활용한 스타트업들이 강세를 보이고 있다. 부동산 업계에서 호갱노노는 프롭테크를 활용하여 3D 일조량, 지역별 부동산 빅데이터 중개 등의 서비스를 제공하고 있다. 핀테크 시장에서 마이데이터의 출시로 토스와 뱅크샐러드는 금융과 기술을 결합하여 분산된 금융정보를 연동하여 통합하는 서비스를 제공한다. 농업에 ICT 기술을 접목하여 농작물 재배를 자동화하는 스마트팜(Smart Farm) 기술은 농업의 4차 산업혁명으로 불릴 정도로 미래 먹거리를 해결하는 대안으로 주목받고 있다.

4차 산업이 각 분야에 자리잡기 시작하면서 우리는 새롭게 탄생한 기술을 보호하고 활용하기 위한 방법을 본격적으로 고민할 시점이 되었다.

지식이 재산이 되는 시대

그림 13‖ 4차 산업혁명 관련기술 특허 통계 (2010~2019)

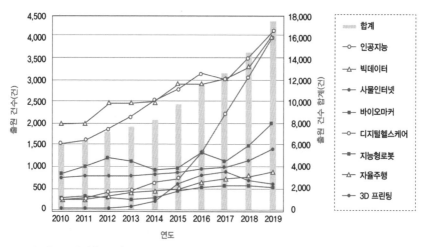

출처: 특허청(2020)

표 6‖ 4차 산업혁명 관련기술 특허 통계 (2010~2019)

기술	2010	2011	2012	2013	2014	2015	2016	2017	2018	2019	계
인공지능(AI)	240	281	374	430	611	693	1,315	2,216	3,054	4,011	13,225
빅데이터(BD)	259	253	298	372	427	458	619	701	757	870	5,014
사물인터넷(IoT)	725	781	757	745	811	852	925	958	1,150	1,378	9,082
바이오마커(BM)	273	297	270	235	282	425	502	566	541	540	3,931
디지털 헬스케어 (DH)	1,524	1,607	1,870	2,140	2,533	2,805	3,140	3,047	3,530	4,109	26,305
지능형 로봇(IR)	874	1,011	1,183	1,100	914	966	1,320	1,115	1,485	1,980	11,948
자율주행(AV)	1,969	1,995	2,455	2,445	2,470	2,909	2,896	3,018	3,304	3,986	27,447
3D 프린팅(3DP)	10	6	9	71	187	589	768	885	683	572	3,780
합계	5,874	6,231	7,216	7,538	8,235	9,697	11,485	12,506	14,504	17,446	100,732

출처: 특허청(2020)

스타트업 특허 바이블

하늘 아래에 새로운 것은 없다고 하지만 새롭고 특별한 기술만이 세상을 바꿔 나갈 수 있기 때문이다.

연결과 융합의 시대, 새로움의 기준이 달라지고 있다

4차 산업의 특징은 '초연결, 초융합, 초지능'으로 대표된다. 인간과 사물의 연결, 다양한 기술과 산업의 융합이 활성화되면서 우리에게 새로움(novelty)의 기준은 조금씩 달라지고 있다. 말을 타고 다니던 세상에서 자전거는 새로운 발명품이었다. 자전거를 타던 세상에는 자동차가 새로운 발명품이 된다. 그리고, 자동차에서 기차와 비행기로 이어지는 세상의 변화는 무에서 유를 창조하는 새로운 기술을 새로움으로 보았다. 이전에는 세상에 없던 새로운 물건을 창조하는 수직적인 변화를 새로움으로 보았다.

4차 산업의 특징인 초연결과 초융합은 새로움의 개념을 바꾸고 있다. 산업이 고도화되면서 이제는 이미 존재하는 것들을 연결하고 융합하는 창작의 방식도 새로움의 범주에 포함하는 것으로 새로움의 개념이 진화하고 있다.

택시와 버스, 지하철과 기차는 이미 많은 사람들이 이용하는 대중교통이다. 서로 다른 종류의 교통수단들을 연결해주는 내비게이션 기술은 세상에 있었던 대중교통들을 연결해주며 새로운 기술을 탄생시켰다. 초연결에 의해 교통수단들의 시공간을 뛰어넘어 사물과 사물을 네트워크로 연결시키고, 인간과 사물을 네트워크로 연결되어 다양한 상호작용을 만들어 낸다.

239

그림 14‖ 융·복합 기술 특허 통계 (2010~2019)

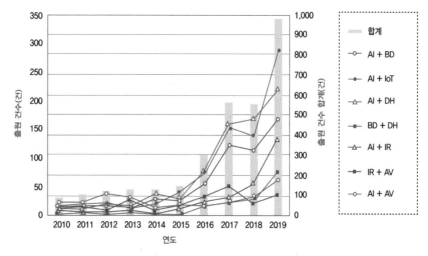

출처: 특허청(2020)

    기존 제품이나 서비스를 연결하여 새로운 가치를 탄생시키는 수평적인 변화도 새로움의 범주에 들어오게 되었다. 연결과 융합의 시대에 차량 플랫폼은 가상현실(VR)을 통해 차량을 가상으로 시승하는 서비스를 제공할 수 있고, 내비게이션 시스템은 사용자의 운전 습관이나 실시간으로 교통량을 반영하여 최적의 경로를 보여주는 방식으로 소비자들에게 새로운 가치를 제공하기 시작하였다. 지식기반 사회에서 연결과 융합은 새로운 파도를 탄생시키는 원동력이다.

표 7‖　융·복합 기술 특허 통계 (2010~2019)

기술	2010	2011	2012	2013	2014	2015	2016	2017	2018	2019	계
AI + BD	19	15	16	14	25	29	57	122	113	169	579
AI + IoT	18	22	22	18	20	40	74	154	136	286	790
AI + DH	9	12	21	20	39	27	75	159	168	218	748
BD + DH	11	16	11	29	11	19	35	51	22	37	242
AI + IR	2	4	1	4	1	2	14	25	29	75	157
IR + AV	22	23	36	30	13	20	18	23	34	60	279
AI + AV	6	4	4	8	4	10	26	32	55	134	283
합계	87	96	111	123	113	147	299	566	557	979	3,078

출처: 특허청(2020)

세상에 완전히 새로운 것은 없지만, 새로운 것만이 특허를 받을 수 있다

내 기술과 아이디어가 특허로 탄생하기 위해서는 허들을 넘어야 한다. 세상에서 새로운 것이 특허가 된다. 기술의 발전을 독려하고 창조의 열매에만 인센티브를 제공하는 것이 특허의 존재의 이유이다. 하지만 기술이 고도화된 세상에서 완전히 새로운 것을 찾기는 어렵다. 내가 떠올린 아이디어는 누군가 몇 년 전에 제품화를 시도한 것이거나 이미 비슷한 논문이 나와 있을 확률이 높다. 구글에서 찾지 못해서 세상에 없는 것이 아니라, 검색식이 잘못될 확률이 더 높다. 영어로 검색식을 만들면 새로운 세상이 열리기도 한다.

4차 산업과 함께 등장한 사물인터넷(IoT)은 사물에 센서를 부착하여

지식이 재산이 되는 시대

실시간으로 데이터를 수집하고 활용하는 혁신적인 네트워크 기술이다. 사물인터넷을 조금 더 자세히 들여다보면 이미 활용되던 센서 기술과 네트워크 기술을 합친 것이다. 카메라나 온도 센서들이 측정한 사물의 데이터를 이미 알려진 와이파이(Wi-fi), 블루투스(Bluetooth)의 통신 방법으로 수집하고, 데이터베이스에서 수집한 데이터를 활용하여 사물을 제어하는 방법은 이미 알려진 기술을 결합한 것으로 볼 수 있다. 자동차의 센서는 차선을 감지하여 차선의 이탈을 방지하거나 다른 차량과 정보를 주고받는 것도 넓은 의미에서 사물인터넷을 활용하는 것이다. 사물인터넷(IoT)을 새로운 기술로 보아야 할까?

통섭과 융합의 능력을 어느 정도로 인정할지 사회적인 합의가 필요한 부분이다. 특허 제도에서도 이러한 융합 기술을 새로운 것으로 이해하고 있다. 기술 분야의 특징을 반영하여 융합 기술의 독창성을 인정한다. 발명자가 여러 구성요소를 결합하여 새로운 효과를 발생시킨다면 새로운 창작물로 인정하면서 기술의 발전을 독려하고 있다.

융합 기술에 대한 적극적인 이해가 필요한 순간

'초연결'과 '초융합'을 핵심 키워드로 하는 4차 산업에서 '융합 기술'의 등장은 필연적이다. 같은 기술을 활용하였더라도 기술분야와 서비스 특성에 따라 다른 기능과 역할을 할 수 있으므로 융합 기술의 본질에 대해 적극적인 고민과 이해가 필요하다.

예를 들어 같은 온도센서를 사용하더라도 냉장고에 저장된 과일의 신선도를 측정하기 위해서 온도를 측정하는 것과 공장에서 화재를 감

스타트업 특허 바이블

지하기 위하여 온도를 측정하는 것은 관점이 다르다. 과일의 온도를 잘못 측정하면 맛있는 과일을 먹지 못할 뿐이다. 하지만, 공장의 화재를 감지하지 못하면 재산 피해를 넘어선 인명 피해까지 발생할 수 있다. 온도센서의 정확도나 측정범위 등 고려하여야 하는 데이터의 성격과 관점이 달라진다.

서비스의 분야가 다르거나 구성요소의 기능과 작용이 다르다면 새로운 기술로 인정받을 수 있다. 측정한 보관 온도와 습도 데이터를 결합하여 자동으로 과일의 유통기간을 계산하는 방법을 개발하였다면 스마트홈 디바이스 분야에서 신선도를 계산하는 융합 기술이 없다는 점을 강조할 수 있다. 공장 내 전열기구의 위치정보와 온도 정보를 결합하여 화재가 자주 발생하는 지점을 예측하는 융합 기술의 차별화된 특징을 설명할 수 있다.

특허청의 심사 과정은 심사관과 발명자의 커뮤니케이션을 통해 발명의 내용을 보완하고 가다듬게 되므로 융합 기술의 특성들을 잘 이해하고 대응할 때 비로소 자신의 기술을 제대로 보호할 수 있다. 새로운 기술이 끊임없이 융합되고 탄생하는 4차 산업에서는 달라진 기준이 적용되어야 한다. 융합 기술을 바라보는 새로운 시각만이 뉴테크의 새로운 세상을 아우를 수 있을 것이다.

02 초연결 사회에서 '국가'라는 장벽이 가지는 의미

우리 사회에서 '국가'라는 장벽이 가지는 의미

"로마에 가면 로마 법을 따르라"는 속담이 있다. 로마에 가면 로마 법을 적용받고, 대한민국에 가면 대한민국 법을 적용받는다. '속지주의'는 어떤 법을 적용할 때 그 법이 적용되는 범위를 정해 놓은 사회적 합의이다. 한국의 권리와 미국의 권리는 각자의 나라에서만 의미를 가진다. 지식재산 제도에서도 '속지주의'는 국가별로 독립적인 권리를 인정하는 것으로 이해할 수 있다. 특허 독립의 원칙, 상표 독립의 원칙 등으로 불린다.

A라는 국가에서 가장 먼저 발명을 한 사람에게 권리를 인정하지만, B라는 국가에서는 선착순으로 가장 먼저 서류를 제출한 사람에게 권리를 인정한다. C라는 국가에서는 인간의 존엄성을 고려하여 의료행위에 대해서

권리를 인정하지 않고 있지만, D라는 국가에서는 의료기술의 발전을 위해 권리를 인정한다. E라는 국가에서는 타인의 기술을 모방한 경우 실제 발생한 손해에 대해서만 배상액을 인정하고 있지만, F라는 국가에서는 징벌적으로 손해액의 수 배에 달하는 배상액을 인정한다.

우리 사회에서 국가라는 장벽은 문화를 변화시켰다. 각 국가의 사회문화적 차이점에 기반하여 법 규정과 제도도 서로 다르게 발전되어 왔다. 지식재산 제도는 법제와 실정을 달리하는 각 국가의 제도를 존중하여 국가별로 독립적인 권리를 인정하고 있는 것이다.

초연결 사회는 피할 수 없는 변화의 흐름

"거기도 그럽니까?"

tvN 드라마 〈시그널〉의 명대사이자, 시공간을 초월하여 서로의 안부를 물을 수 있는 상황을 드라마적으로 잘 그려내는 말이다. 무전기 너머의 미래의 세상과 현재의 세상은 시간의 장벽이 가로막고 있지만 무전기라는 상징적 매개체를 통해 시공간을 초월하여 사건을 풀어나간다. 그리고 동시대에 살아가는 우리는 공간적으로 떨어진 다양한 국가와 지역에서 살고 있다.

우리는 산과 바다로 떨어진 국가와 지역에 살고 있다. 위치라는 특수성에 기인하여 서로 다른 사회문화적인 공동체를 형성하고 있지만 초연결 사회에서는 이러한 공간적인 제약을 뛰어넘기 시작하고 있다. 4차 산업혁명의 시대를 가장 잘 설명하는 '초연결 사회'라는 단어를 지식재산 제도에 대입한다면 앞으로 그 미래의 변화는 어떻게 예측할 수 있을까?

초연결사회(Hyper-Connected Society)에서 네트워크 시스템의 발달로 전 세계 사람들은 국경을 넘어 연결된다. 클라우드가 발달하고, 디지털 노마드가 증가하고 있는 사회의 변화는 온라인 공간이 업무와 생활의 중심으로 빠르게 자리 잡고 있다는 신호이자 사회 전반에서 나타나는 변화의 시그널이다. 현대 사회에서 공간의 의미는 자신이 속한 국가나 지역에 더는 국한되지 않는다. 사물인터넷(Internet of Things)은 이제 인간과 인간의 연결을 넘어서서 사물과 인간을 연결하고 있으며, 메타버스(Metaverse)의 등장은 인류의 활동영역을 가상의 공간으로 확장시키고 있다. 이렇게 사회는 공간적 제약을 뛰어넘는 다양한 시도와 변화 중이다.

초연결 시대를 바라보는 '지식재산 제도'

1980년대 중반 전 세계 각국은 특허제도의 차이로 인해 발생하는 행정적, 경제적 낭비를 방지하기 위해 한자리에 모여 조약 체결을 시도하였다. 하지만 주요국의 이견으로 '속지주의'를 넘어서기 위한 합의가 결렬된 적이 있다. 각국의 지식재산 제도를 통일하기에는 각국의 입장과 이해관계는 너무나 달랐던 것이다. 지식재산 제도가 통일됨으로써 초연결 시대의 마중물이 될 수 있었던 기회이지만 무산되어 아쉬운 측면이 있다.

최근에는 미국을 선두주자로 코로나19 백신 지식재산권 유예가 논의되고 있다. 하지만 mRNA 백신 제조기술을 가지고 있는 국가들과 기업들의 강한 반대에 논의는 정체 중인 상태이다. 초연결 시대를 살아가는 개인들의 빠른 변화와 달리 초연결 국가로 재편성되기까지는 상당한 진통이 예상된다. 대신 각국은 자국법의 해석을 탄력적으로 운영하며 시대의 변화에 대응하고 있다는 점은 눈여겨볼 부분이다.

해외직구를 통한 병행수입 제품에 대해 상표권 침해를 부정하거나, 제품의 생산을 대부분 국내에서 한 경우 국내 특허권 침해를 인정한 것이 지식재산 제도에서 국가라는 장벽이 무너지고 있는 대표적인 예이다.

초연결 시대를 살아가는 우리는 국경을 초월한 사회의 변화 속에 있다. 나라마다 다른 법제는 공간의 차이가 만들어낸 그 나라 고유의 문화로 존중될 필요가 있다. 각국의 법과 제도를 통일하기보다 탄력적인 법해석으로 사회 변화를 한걸음 뒤에서 따라가는 것도 변화의 한 모습이지 않을까.

03 경쟁 사회, 선착순이 필요한 순간 _____

공정한 경쟁을 위한 선착순 제도

"백신은 12시부터 선착순으로 1000명에게 제공됩니다."

대학교 수강신청, 명절 기차표, 한정판 나이키 신발 판매까지 우리에게 선착순 제도는 나름 합리적이고 공정한 경쟁 방법으로 자리 잡았다. 대학교 교직원과 친분이 있는 학생에게 먼저 수강신청 기회를 제공하거나, 성적이 높은 학생에게 우선권을 부여하는 것은 누군가의 기회를 앗아가는 방법이기 때문에 공정하지 않다. 지난 일 년간 코레일을 자주 이용한 손님들에게 명절 기차표를 먼저 판매하는 것도 수긍하기 어렵다. 기업의 입장은 이해되지만, 일년에 한 번 고향에 가는 기회는 누구에게나 공평한 방법으로 제공되어야 한다. 한정된 재화를 나누기 위해서 선착순이라는 기준은 공정한 경쟁을 위한 룰이다. 선착순 제도에서 발 빠르게 움직이는 사람은 느린 사람들보다 많은 혜택을 받을 수 있다.

재빠르게 행동한 대가로 인센티브를 제공받는 것이다.

이와 달리 아파트 청약이나 백화점 경품 행사에서는 추첨을 통해 당첨자를 선정한다. 수만 명이 몰려드는 경쟁에서 조금 더 빨리 움직였다는 이유로 당첨자를 선정하는 것은 합리적이지만 조금은 덜 공정한 방법이기 때문이다. 이렇게 경쟁 사회에서는 모두가 납득할 수 있는 공정한 룰을 만드는 것이 필요하다.

지식재산 제도에서도 비슷한 이유로 선착순 방법을 채택하고 있다. 여러 명이 동일한 기술에 대해 특허를 획득하고자 하는 경우에 가장 먼저 특허청에 서류를 제출한 사람에게 권리를 인정하는 것이다. 상표도 특허와 마찬가지이다. 누군가 "BTS"상표를 사용하고 싶다면 특허청에 가장 먼저 상표출원을 하면 된다.

지식재산 제도의 근간 – 선출원주의 제도

여기서 드는 생각은 '유명 아이돌 그룹이 먼저 "BTS" 상표를 사용하였는데 일반인이 "BTS" 상표를 먼저 출원하여 상표권을 획득하는 것이 과연 공정한 룰일까?'라는 질문이다. 고민이 되는 지점이다. 그리고 선착순이 필요하지만 룰을 수정할 필요가 있어 보인다.

그렇다면 반대로 상표를 가장 먼저 사용한 사람에게 권리를 인정하는 것으로 룰을 변경한다면 모두를 만족시킬 수 있을까? 아이돌 그룹의 데뷔 한 달 전에 대박을 기대한 매니저 A가 자신이 먼저 "BTS" 상표를 사용하였다고 주장한다. 그리고 경쟁 기획사 B에서 자신들이 1년 전부터 "BTS" 상표 사용을 검토하고 있었다고 주장한다. 상표출원 모두에 대해서 실제 누가, 언제 사용하였는지를 판단하기는 여간 어려운 일이 아니다. 그리고 각 당사자의 주장을 신뢰할 수 있을까? 특허청의 판단에 당사자들이 승복할지도 의문이다.

　지식재산 제도는 선착순 방법을 채택하고 있지만 누가 권리를 획득할지를 더욱 쉽고 객관적으로 결정할 수 있도록 룰을 설정하였다. 대원칙은 특허청에 가장 먼저 출원한 사람에게 권리를 인정하는 것이다. 결승선을 통과하는 순서대로 메달이 결정되는 것처럼 특허청에 서류를 제출하는 순서대로 권리를 인정하고 있다.

공정한 룰을 위한 고민 – 선출원주의 제도의 보완책

　SBS 〈골목식당〉에 출연한 포항 덮죽집의 '덮죽', TV조선의 〈미스터트롯〉에 출연한 가수 영탁과 막걸리 제조사의 '영탁' 모두 상표권 분쟁에 휘말려 큰 고생을 했다. 당사자들보다 먼저 상표 출원한 출원인들과 분쟁을 하고 있는 것이다. 선착순을 강조한다면 포항 덮죽집과 가수 영탁은 상표권을 뺏길 수밖에 없다. 나아가 상표권자가 법적인 책임을 묻는다면 자신의 상표를 사용하고도 막대한 금액을 손해로 배상할지도 모른다.

　이렇게 선착순 제도는 공정한 룰을 설정하는 역할을 하지만 모든 사람을 보호하기에는 역부족이다. 선의의 피해자가 나오지 않도록 룰을 다시 정교하게 조정할 필요가 있어 보인다. 먼저 상표를 사용한 사람에게는 권리를 획득하지 않더라도 사용권한을 인정하는 것이다. 그리고 타인의 상표를 모방하는 사람에게는 일정한 제재를 하여 선의의 피해자를 방지하는 규칙을 만들 수도 있다.

원점으로 돌아가 추첨 방식으로 상표를 인정하는 것보다, 룰을 조금씩 수정하여 원래의 목적을 달성하면서 선착순 제도를 유지하는 것이 바람직할 것이다. 지식재산 제도는 다양한 장치를 두어 선착순 제도의 취지를 살리며 부작용을 방지하고 있다. 경쟁 사회에서 공정한 룰은 과연 무엇일까? 우리가 복잡한 룰을 정하게 된 것은 조금 더 공정한 규칙을 정하기 위한 노력일 것이다.

04 퇴사 후 삼성전자 상대로 소송 건 임원, 특허 괴물이란?

삼성전자의 특허 부문을 10여 년간 총괄하던 임원은 퇴사 후 1년 만에 삼성전자를 상대로 특허침해 소송을 제기하여 화제가 되었다. 삼성전자는 영업비밀 도용 소송으로 반격하였고, 전직 임원은 또 다른 소송으로 응수하여 분쟁이 지속되는 양상이다. 수많은 '특허 괴물(Patent Troll)'로부터 특허 소송을 막아내고 있는 삼성이지만 삼성 출신의 전직 임원이 친정을 상대로 소송을 제기한 것은 처음일 정도로 매우 이례적인 사건으로 평가받고 있다. 생소하기만 한 특허 괴물이 무엇이고, 왜 이번 특허소송이 화제가 되고 있을까?

특허 괴물, 특허 소송을 통해 수익을 얻는 전문회사

'특허 괴물'은 특허권을 이용하여 수익을 올리는 특허전문회사를 말한다. 1998년 인텔의 소송 과정에서 사용되며 재조명되었다. '특허 괴물'로 불리는 특허관리전문회사(NPE: Non-Practicing Entities)는 제품을 생산하거나 판매하지 않고, 특허 소송을 전문적으로 수행한다. 기업을 먹잇감으로 노리는 특허 괴물은 기업에게는 위협적인 존재이다.

애플은 특허 괴물에게 지난 2016년 VPN 기술 침해를 이유로 7천 500억 원의 배상 판결을 받았다. 전 세계에서 굵직한 소송에 특허 괴물들의 이름이 적혀 있을 정도로 왕성한 활동 중이다. 특허청 자료에 따르면 2021년까지 5년간 한국기업을 대상으로 한 미국 내 소송 제기 건수는 707건이었으며, 그중에서 530건이 특허 괴물이 제기한 소송이었다. 특히 특허 괴물이 보유한 특허의 대부분이 스마트폰, 반도체 제조 기술과 관련된 것으로서 삼성전자와 삼성 등의 핵심 플레이어가 이들의 주요 타깃이 되고 있다. 한국과 미국의 특허출원 수 1위가 삼성전자임에도 특허 포트폴리오의 빈틈을 파고드는 특허 괴물의 공세 수위는 나날이 높아지고 있는 실정이다.

특허 괴물이 살아남는 방법

애플, 삼성전자, 테슬라, LG전자 등과 같은 제조기업은 제품을 생산하고 판매하는 과정에서 자신들이 개발한 기술을 보호하기 위해 특허권을 획득한다. 경쟁자가 내 제품을 모방하는 경우에 독점적인 권한을 행사하여 기술을 지켜낼 수 있기 때문이다. 특허권자는 상대방의 제품 판매를 금지하거나, 손해배상을 청구함으로써 시장의 지위를 유지할 수 있다.

특허 괴물은 자신들이 제품을 개발하거나 생산하지 않는다. 제품을

지식이 재산이 되는 시대

판매하지 않고 특허 소송을 통해 수익을 얻는 것이 이들의 목적이기 때문에 기업들에게 위협적이다. 지난 2011년 애플과 삼성의 소송처럼 제품을 판매하는 기업들의 이해관계는 복잡하게 얽혀 있다. 산업구조는 하나의 사슬로 연결되어 있고 기업들이 사용하는 기술을 흑과 백으로 나누기는 어렵다. 하나의 스마트폰에는 삼성전자의 특허를 사용한 기술과 애플의 특허를 사용한 기술이 혼재되어 있기 때문에 기업들은 양보하며 협상으로 소송을 마무리한다. 상대방의 기술을 서로 사용할 수 있도록 크로스 라이선스(Cross-License) 계약을 맺어 분쟁을 합의로 마무리하는 경우가 많다. 제조 업체들은 상대방을 궁지에 몰기 위해 특허 소송을 활용하기보다 협상을 위한 압박카드로 활용한다.

하지만 특허 괴물들은 자신들이 제품을 만들지 않기 때문에 제조기업에게 일방적인 공세를 펼칠 수 있다. 아이폰과 갤럭시를 판매하는 애플과 삼성의 입장과 다르다. 특허 괴물은 자신들이 판매하는 제품이 없기 때문에 자신들이 손해를 배상할 가능성은 없다. 잃을 것 없는 꽃놀이패를 가지고 있는 것이다. 이들은 소송하기 좋은 특허를 저렴한 가격에 사들이고, 특허 소송을 전 세계에서 진행하며 합의금이나 손해배상금을 받아 막대한 수입을 올리는 비즈니스 모델을 가지고 있다.

특허 괴물을 바라보는 두 가지 시선

그리스 신화에 나오는 문의 수호신 야누스는 두 개의 얼굴을 가진다. 앞과 뒤의 얼굴이 다르다. 특허 괴물로 지칭되는 특허관리전문회사(NPE)를 바라보는 서로 다른 두 가지 시선이 있다. 특허 괴물은 선량한 기업을 괴롭히는 부정적 시선과 기술의 발전을 촉진하는 시선이 혼재되어 있다.

1) 특허 괴물을 부정적으로 바라보는 시선

괴물(Troll)이라는 용어에 담긴 것처럼 특허 제도를 악용하고 남용하는 기업으로 특허관리전문회사(NPE)를 바라보는 시각이다. 특허 제도는 기술 혁신의 대가로 보상을 제공하고 산업의 발전을 촉진하기 위해 만들어졌다. 특허라는 인센티브를 활용하여 세상에 새로운 기술을 탄생시키는 선순환을 꿈꾸지만 현실과 이상은 다르다. 특허라는 인센티브는 독점 권한이라는 두 번째 얼굴을 숨기고 있다. 야누스의 첫 번째 얼굴은 한순간에 두 번째 얼굴로 바뀐다.

특허라는 무기를 손에 쥔 특허 괴물은 기업들에게 특허가 허용하는 독점 권한을 활용한다. 독점 권한은 소송이라는 분쟁의 씨앗과 같다. 기업들이 특허 괴물에 지속적으로 대응하며 막대한 비용을 소송에 사용하게 되고, 불필요한 사회적인 기회비용을 발생시키며, 기업의 생존과 혁신을 방해하는 것으로 이해될 수 있다. 이렇게 특허 괴물은 오직 수익을 목적으로 활동하고, 열심히 시장을 개척하고 상품을 만들어 내는 선량한 기업들을 괴롭히는 부정적 측면이 부각되고 있다.

2) 특허 괴물을 긍정적으로 바라보는 시선

특허 괴물의 이름이 주는 선입견과 달리 사회에 기여하는 측면도 있다. 특허관리전문회사(NPE)를 시장경제에서 법률이 허용하는 범위 내에서 자유로운 수익활동을 하는 것으로 바라보는 입장이다. 당사자의 위치에 따라 관점을 달리한다. 이들은 기술을 개발하는 발명자나 자금력이 부족한 기업에게 투자한다. 좋은 기술을 만들어 낼 수 있는 터전과 자금을 제공하고, 정당한 특허 사용료를 얻어 수익을 얻는 것이다.

자금력과 인력이 부족하여 대기업에 대해 적극적으로 대응하지 못하였던 개인 발명자나 중소기업이 특허관리전문회사를 통해 기술 모방이나 특허권 침해에 대응할 수 있는 순기능이다. 틈새시장을 노린 특허관리기업은 특허 소송이라는 전문성을 가지고 이들을 돕는다. 대학이나 연구기관에서 연구 개발한 기술을 특허관리전문회사가 적극적으로 매입하면서 연구개발을 촉진하는 역할도 있다. 기술 혁신과 산업 발전을 목표로 하는 특허 제도의 이상에도 부합한다.

삼성전자 전 임원, 특허 괴물로 돌아오다

삼성전자 특허 부문을 총괄하였던 전직 임원은 2021년 특허관리전문회사를 설립하였고, 같은 해 11월 삼성전자를 상대로 손해배상 소송을 제기하였다. 갤럭시 S20 시리즈 및 갤럭시 버즈와 관련된 프로그램에 대해 특허권 침해가 인정된다면 최소 수백억 원 배상금이 인정될 수 있을 것으로 예측된다. 누구보다 삼성의 기술과 소송 전략을 잘 아는 내부자였던 직원을 상대해야 하는 삼성전자는 이제 막 소송 준비를 시작하였다. 삼성전자는 업무상 비밀 도용 불법행위를 이유로 반격을 시작하였고, 전직 임원은 추가 소송으로 전의를 불태우며 확전 양상에 있다.

삼성전자는 전 세계 20여만 건의 특허를 보유하고 있다. 구글이나 퀄컴과 같은 글로벌 기업들과 라이선스 계약을 체결하여 기술 보호를 위

스타트업 특허 바이블

한 특허 포트폴리오를 형성하고 있다. 아시아 최대 지식재산(IP) 관리팀을 보유하고 있는 삼성전자의 입장에서는 전직 임원이 무기로 사용한 특허를 무효화하기 위해 적극적인 반격을 시작할 것으로 예상된다.

특허 괴물의 순기능과 역기능을 별개로, 수십 년간 삼성전자의 특허 전략의 핵심을 담당했던 내부자인 만큼 기업의 영업비밀 침해와 신의성실 위반의 문제도 함께 문제가 될 소지가 높다. 특허를 활용하는 방법에 정답은 없다. 하지만 꽃놀이패를 가진 특허 괴물의 입장에서는 이번 특허분쟁의 승패가 중요한 것이 아닐지도 모른다.

지식이 재산이 되는 시대

05 금융업계의 화두, IP 금융은 무엇일까?

지식재산(IP) 금융의 성장

2016년 5천억 원 규모였던 지식재산(IP) 금융 규모는 2020년 2조 원을 돌파하였다. 4년간 4배의 성장, 연간 성장률은 100% 남짓일 정도로 성장세가 무섭다. 2021년 기준으로 지식재산 금융의 누적 집행규모는 6조 원을 넘고 있다. 대통령은 "지식재산 금융액이 여전히 충분하지 못하니 이 부분을 늘리는 노력을 더욱 집중해 달라"라고 지식재산 금융의 확대를 주문할 정도로 또거운 관심을 받고 있다

4차 산업혁명과 함께 정보와 지식이 산업의 심장이 되고 있으며 지식재산이 금융 시장에 미치는 영향은 앞으로도 더욱 커질 것으로 보인다. 전 세계적인 화두인 지식재산 금융이 무엇일까? 지식재산 금융을 어떻게 활용해야 할까?

기업에게 필요한 것은 자금, 그리고 또 자금

기업은 제품을 생산하고 서비스를 제공하기 위해서 자금이 필요하다. 연구개발에도 자금이 필요하고 마케팅에도 자금이 필요하다. 부족한 현금흐름을 보충하기 위해서는 금융권으로부터 자금을 조달해야 한다. 기존에는 부동산이나 공장 설비와 같은 유형자산에 대해 담보나 투자를 받는 것이 일반적이었다. 하지만 이제 막 성장하기 시작하는 스타트업과 벤처기업에게는 담보로 제공할 자산이 부족하므로 투자유치를 통한 자금 공급이 대안일 수밖에 없었다.

지식재산 금융은 지식재산의 자산 가치에 주목하고 현금흐름을 만들어 내는 자금조달 방법에 집중한다. 지식재산의 가치를 가액으로 평가하는 것이 첫 번째이고, 평가가치에 기반하여 기업이 지식재산으로 금융 활동을 가능하게 만든다. 회사의 기술 집약체인 특허가 바로 담보의 대상이자 투자의 대상이 되는 것이다.

무형자산인 지식재산(IP)을 금융의 대상으로 보다

S&P500 기업들의 기업가치의 90%가 무형자산에 집중되어 있을 만큼 무형자산의 중요성은 커지고 있다. 자본시장도 기업이 보유한 무형자산을 활용한 자금조달 방법에 관심을 가지기 시작하였다. 눈에 보이지 않는 기업의 기술과 아이디어가 금융의 대상이 되기 시작한 것이다. 지식재산의 다양한 속성이 금융 활동에 반영된다.

유형자산은 건축물이나 차량 등의 형태가 있는 자산을 말하고, 무형

그림 15‖ 지식재산 담보대출의 구조

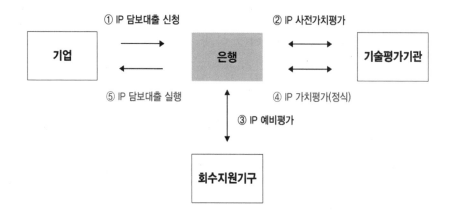

자산은 물리적 형태가 없는 무형의 자산을 말한다. 무형자산은 영업권과 지식재산권 등으로 나뉜다. 브랜드 가치, 연구 개발한 기술, 제품 생산 노하우, 특허권, 상표권 등이 눈에 보이지 않는 무형자산이다. 그중에서 지식재산이 금융시장의 새로운 중심이 되고 있는 것이다. 지식재산을 담보로 활용하여 대출을 받거나 지식재산을 활용하여 투자 수익을 올리는 것 등 다양한 금융활동을 수행할 수 있다.

지식재산(IP)을 활용한 담보대출

기업은 보유한 지식재산권을 기초로 금융기관에 담보대출을 신청한다. 금융기관은 지식재산권의 가치를 평가하고 평가가치에 기초하여 기업에게 자금을 제공한다. 은행에서 지식재산을 담보로 기업에게 대출을 하기 위해서는 지식재산의 가치가 얼마인지 정확하게 알아야 한다. 기업의 기업공개(IPO)나 인수합병(M&A) 과정에서도 기업의 가치를 정확하게 평가하지 못하면 투자자나 인수자는 큰 손해를 입게 된다. 기업 가치나 특허가치의 정확한 평가가 필요하다. 지식재산의 담보대출 과정에서도 지식재산의 가치를 정확하게 평가할 필요가 있다. 이렇게 지식재산의 가치를 객관적으로 평가한 이후에 지식재산의 가치에 상응하는 대출을 진행하게 된다.

기술력은 있지만 자금이 부족하였던 스타트업과 벤처기업은 자신들의 기술력과 지식재산만으로 자금을 조달할 수 있다는 점에서 지식재산 담보대출이 대안으로 주목을 받고 있다. 2020년 IP 담보대출 규모는 1조 원을 넘었고 이를 활용하는 기업들도 증가하는 추세이다.

만약 은행이 대출금을 회수하지 못한 경우에는 회수지원 펀드를 통해 대출금을 상환할 수 있도록 하여 금융권의 리스크를 정책적으로 헤징(Hedging)하고 있다. 신용보증기금과 기술보증기금에서 지식재산에 대한 보증서를 발급하고 담보대출을 진행하는 것도 크게 지식재산 담보대출의 영역에 속한다고 볼 수 있다.

지식재산(IP)을 활용한 투자

지식재산 담보대출은 지식재산에 대한 가치를 산정하여 자금을 융통하는 수동적인 형태였다면, 지식재산 투자는 지식재산을 활용하여 수익을 내는 능동적인 형태의 금융 모델이다. 지식재산을 통해 수익을 낼 수 있는 방법은 다양하다. 지식재산권을 침해하는 기업에게 소송을 제기하여 손해배상금을 지급받을 수 있고, 지식재산을 사용하고 싶은 기업과 라이선스 계약을 체결하여 일정한 로열티를 받을 수 있다.

　주식 투자와 지식재산 투자는 어떻게 다를까? 우선 투자의 대상이 다르다. 전자는 기업에 투자하는 것이고, 후자는 지식재산에 투자하는 것이다. 기업은 제품이나 서비스를 통해 수익을 올리고, 기업의 수익성과 미래가치가 주가에 반영된다. 기업의 수익은 제무재표나 간접적인 지표로 확인하고 검증할 수 있다. 전자는 위해서 증권사에서 발행하는 기업분석 리포트를 읽으면 되지만 지식재산을 분석해주는 리포트는 아직 발행되지 않고 있다.

　기업의 미래가치는 시장의 속성과 환경에 따라 달라진다. 미래가치라는 변수를 제외하고 기업의 수익성을 바라보면 수익을 잘 내는 기업이 좋은 기업이다. 우리가 주가 수익비율(PER)을 투자 지표로 삼는 이유도 기업의 순이익이 기업의 가치를 형성한다고 믿기 때문이다.

　세상의 모든 기업의 가치가 이익에 비례하지는 않는다. 전기차 기업 테슬라(TESLA)는 PER이 100을 넘는다. 미래가치라는 변수가 기업의 가치에 반영되면 놀라운 상승 잠재력을 발생시킨다. 그럼에도 기업의 가치를 평가하는 선구안을 가지기 위해서는 기업의 수익 창출 능력이 기업의 가치를 결정하는 중요한 요인이라는 점을 이해해야 한다.

　지식재산 투자도 마찬가지이다. 지식재산이 가지는 다양한 속성을 이해하고, 지식재산을 활용하여 어떻게 수익을 창출할 수 있는지 이해하는 것이 IP 투자 선구안을 키우는 첫 시작이다. 좋은 선구안이 투자 리스크를 관리하는 능력이다.

　지식재산은 다양한 수익을 발생시킨다. 지식재산 투자를 위한 첫 번째 단계는 '지식재산의 속성'과 이를 통해 '수익이 발생하는 구조'를 이해하는 것이다. 카카오프렌즈의 캐릭터 라이언과 어피치는 카카오톡 이모티콘에서 시작해서 이제는 연매출 1000억 원, 로열티만 100억 원을 발생시키는 카카오의 핵심 IP로 자리 잡았다. 어떻게 지식재산을 활용해 수익을 발생시킬 수 있을까?

1) 지식재산의 첫 번째 수익모델: 독점 권한에 기반한 소송 수익

창작자의 콘텐츠는 법률이 보호해주고 다양한 수익을 창출시켜주는 권리를 인정한다. 바로 지식재산권이다. 특허권, 상표권, 디자인권, 저작권과 같은 지식재산권을 획득한 권리자를 합법적인 독점 권한을 활용하여 수익을 창출할 수 있다.

경쟁사가 카카오프렌즈의 캐릭터와 비슷한 캐릭터를 만들었다고 하면 저작권이라는 권리에 기반하여 법적 행사를 하면 된다. 합법적인 독점 권한은 시장의 점유율을 높이고 경쟁사의 모방을 저지한다. 법률이 보호하는 독점권에 기반하여 합법적으로 수익을 창출할 수 있다. 최근 화제가 되는 특허 괴물도 특허를 소송에 활용하여 수익을 얻고 있다. 한 건의 소송으로 수백억 원의 합의금을 얻어 내는 소송을 통한 수익모델은 전 세계적으로 보편화되어 있다.

2) 지식재산의 두 번째 수익모델: 사용료를 받는 수익모델

경쟁사가 등장하지 않거나 소송을 하지 않는 경우에 지식재산은 어떻게 수익을 발생시킬까? 내 지식재산을 활용하는 사람에게 사용료를 받는 수익을 얻을 수 있다.

카카오프렌즈의 캐릭터를 활용한 굿즈 사업을 하고 싶은 사업자에게 로열티를 지급받을 수 있다. 매출의 일정 비율을 로열티로 지급받으면서 지식재산을 통한 수익을 창출할 수 있다. 내가 직접 굿즈 사업을 하지 않아도 다양한 회사와 제휴하여 수익을 창출할 수 있다.

사용자들이 스트리밍으로 노래를 들으면 음원 플랫폼은 그 대가로 작곡가나 가수에게 일정한 로열티를 지급한다. 지식재산의 정당한 사용료는 지식재산의 가치를 형성하는 수익원이다.

3) 지식재산의 세 번째 수익모델: 지식재산 가치 향상 (IP Value-up)을 통한 매각 수익

지식재산 전문가들은 지식재산의 숨겨진 가치를 극대화한다. 기술의 속성을 활용한다. 스마트폰에 들어간 수천 가지 기술 중 핵심을 파악하고 다양한 관점에서 특허화하여 매력적인 지식재산을 만든다. 카메라 기술을 특허로 획득하고 안면인식 기술을 특허로 획득한다. 이렇게 특허 포트폴리오를 형성하여 특허의 가치를 극대화한다.

A기업이 카메라 기술을 가지고 있고 B기업이 안면인식 기술을 가지고 있다면 이들의 특허를 매입하면서 특허 포트폴리오를 완성한다. 하나의 특허보다 포트폴리오로 관리된 특허는 시너지를 발생시킨다. 완성된 특허 포트폴리오는 개별 특허보다 높은 가치를 제공한다. 가치 증진을 통해 얻은 가치 차익이 수익이다. 지식재산 매각을 통해 수익을 얻을 수 있다.

투자자가 특수목적법인(SPC)에 간접적으로 투자하고, 특수목적법인이 지식재산을 활용하여 얻은 수익을 분배받는 투자 방법도 존재한다. 특허관리전문회사(NPE)는 다른 기업의 지식재산권을 매입, 관리하여

그림 16‖ 실시료를 활용한 IP 펀드 구조

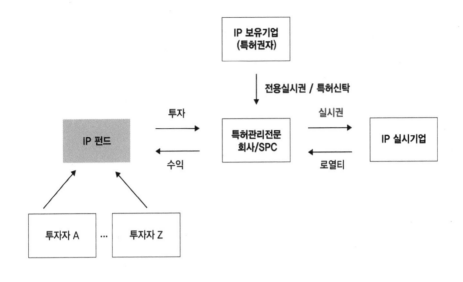

그림 17‖ 직접매입 IP 투자 펀드 구조

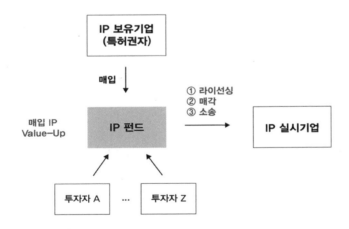

지식이 재산이 되는 시대

수익 창출을 극대화하고 있다.

　민간 시장에서 지식재산 금융이 활성화되기까지는 다소 시간이 걸릴 것으로 예상되지만, 지식재산 금융의 시장 규모가 지속적으로 성장하고 있다는 점은 긍정적이다. 다양한 아이디어들이 모여 지식재산을 창출하고, 이를 활용하는 선순환의 구조를 통해 혁신적인 금융 생태계가 갖추어지기를 바란다.

06 롤린 역주행으로 주목받은 IP 투자, MZ 세대의 투자법 _____

브레이브걸스 '롤린'과 지식재산 투자

2021년 걸그룹 브레이브걸스는 4년 전 발매한 곡 '롤린'의 역주행으로 최고의 한 해를 보냈다. 단숨에 음원차트 1위를 올킬하였고 수개월 동안 차트 상위권에 이름을 올릴 정도로 큰 인기를 누렸다. 새로운 전성기를 만들어 낸 음원의 역주행은 다양한 이야깃거리를 만들어 냈다.

'롤린'을 작사, 작곡한 용감한 형제들의 저작권료 수익에도 관심이 집중되었다. 음원의 역주행을 예상하지 못한 용감한 형제들은 '롤린'의 저작권을 이미 양도하였다는 소식이 전해졌다. 음원 차트에서 한번 사라진 노래가 다시 차트에 재진입하는 현상은 기적과도 같다. 대부분의 음원은 시간이 지남에 자연스럽게 대중의 관심에서 멀어진다. 벚꽃 연금이라고 불리는 버스커버스커의 '벚꽃 엔딩'과 같이 음원 차트에 다시 등장하는 경우는 흔하지 않다. '롤린'의 작곡가들은 합리적인 선택을 한 것이다. 대신 '롤린'의 저작권에 투자한 투자자들이 미소 짓고 있다. 지식재산 금융이 활성화되며 저작권에 투자하는 새로운 투자 방식이 주목받고 있다. MZ 세대의 새로운 투자 트렌드이다.

좋아하는 가수의 노래가 수익으로 이어지는 과정

지식재산권의 일종인 저작권은 수익을 만들어 내는 원천이다. 노래를 작사, 작곡한 창작자는 자신의 노래를 사용하는 사람들에게 사용료를 받는다. 저작권자는 과거에는 음반을 판매하여 얻은 수익을 분배받았다면, 최근에는 멜론이나 지니뮤직과 같은 대형 유통사를 통해 디지털 음원의 스트리밍 수익을 분배 받고 있다. 노래방에서 팬들이 노래를 부르거나 방송이나 매장에서 음원을 사용하는 경우에도 저작권료를 지급받을 수 있다. 이렇게 저작권자는 지식재산을 활용하여 지속적으로 수익을 창출할 수 있다.

웹툰 작가에게도 저작권은 생명과도 같다. 웹툰을 구독하는 독자들의 구독료가 수익원이고 네이버 웹툰이나 다음 웹툰과 같은 플랫폼은 수익을 작가에게 분배한다. 웹툰을 드라마나 영화로 만드는 과정에서도 2차적 저작물을 활용한 수익을 만들어 낼 수 있다. 지식재산은 창작자를 보호하기 위한 안전장치이자 수익모델이다.

스타트업 특허 바이블

저작권을 투자의 대상으로 바라보기 시작하다

창작자의 사후 70년간 보호되는 저작권은 안정적인 현금흐름을 창출할 수 있는 매력적인 투자 대상이다. 저작권자는 매달 발생하는 저작권료 수익을 포기하고 일정한 금액에 저작권을 시장에 판매할 수 있다. 내 권리를 판매하는 것은 자유이다. 저작권은 무형자산이므로 이전에도 자유롭게 판매가 가능하였지만, 최근에서야 저작권 거래가 주목받기 시작하였다. 'IP 조각 투자'의 개념이 등장하며 저작권도 투자의 대상으로 인식되고 있는 것이다.

하나의 지식재산권에 대해 지분을 공유하고 이로부터 창출할 수익을 공유하는 형태가 일반적이다. 개인 간에 지식재산을 직접 거래하기보다는 권리를 조각내어 그 지분에 대해 투자함으로써 소액 투자도 가능하게 되었다. 크라우드펀딩과 같이 다수의 투자자로부터 자금을 조달하고 수익을 분배한다. 부동산에서 해당 자산으로부터 발생하는 현금흐름을 증권화하는 자산유동화(ABS: Asset Backed Securities) 방법과도 유사하다.

저작권을 활용한 IP 투자의 선두주자는 '뮤직카우'

국내에서 저작권을 활용한 음원 투자 플랫폼의 선두주자는 '뮤직카우'라는 스타트업이다. 뮤직카우에서 '롤린'의 저작권료 수익 지분의 거래 가격은 2만 4천 원에서 77만 원으로 2개월 만에 약 30배가 상승하기도 하였다. 음원의 역주행으로 인한 저작권료 증가를 예상한 투자자

지식이 재산이 되는 시대

들의 민첩한 움직임이 가격을 높였다.

투자자는 저작권의 지분에 투자하여 저작권료 수익을 분배받기도 하지만, 좋아하는 가수의 노래를 소장할 수 있다는 점도 MZ 세대의 취향을 저격하는 포인트이다. 자신이 좋아하는 창작자와 작품에 투자하는 재미와 새로운 투자대상이라는 호기심이 새로운 시장을 열고 있다.

다만 현재 뮤직카우에서 운영하고 있는 거래 방법은 지식재산권의 지분 자체를 판매하는 것이 아니라 지식재산을 통한 수익(저작권료)을 정산받을 수 있는 채권을 판매한다는 점에서 한계점도 존재한다. 아직까지는 거래량이 부족하고 인기 있는 소수 지식재산에 투자가 집중되고 있는 점도 극복해야 될 지점이다.

MZ 세대에서 시작된 투자 열풍은 새로운 시장의 탄생을 예고하고 있다. 블록체인과 핀테크 기술이 발달하며 새로운 투자기법이 탄생하는 것은 피할 수 없는 현실이다. 지식재산에 대한 분산소유가 새로운 투자문화로 정착할 수 있기를 기대한다.

07 코로나 시대의 지식재산

코로나 백신 특허를 포기할 수 있을까?

바이든 미국 대통령이 코로나19 백신 특허권 일시 유예를 지지하면서 전 세계적인 백신 부족 현상을 해결할 수 있을 것으로 기대와 관심이 집중되었다. 팬데믹(Pandemic)이 수년간 지속되면서 백신은 코로나를 종식시킬 대안으로 주목받았다. 백신 부족은 새로운 변이와 희생자를 만들어 내기 때문이다.

하지만 세계무역기구(WTO) 국가들 중 미국 이외에 독일, 영국, 일본이 자국의 제약사 보호를 위해 코로나 백신의 지식재산권 면제에 반대하고 있다. 합의까지는 상당한 시간이 걸릴 것으로 보인다. 합의가 불가능할지도 모른다. 치열한 백신 특허 공방전에는 숨겨진 내막이 있다.

독립적으로 보호되고 있는 각국의 특허 – 특허 독립의 원칙

백신 특허를 포기하는 이슈의 이면에는 대형 제약사의 반발과 국가별 정치 역학관계가 있다. 그리고 이들의 갈등을 봉합하였더라도 지식재산 제도의 장벽을 뛰어넘어야 한다. 새로운 미래를 보호하는 지식재산 제도이지만 아직까지는 국가라는 장벽은 높다.

한국에서 코로나 백신 기술을 개발하여 특허를 획득하더라도 다른 나라에서 기술을 보호받기 위해서는 개별 국가마다 별도의 특허출원을 통해 특허권을 획득하여야 한다. 이러한 원칙은 '특허 독립의 원칙'이라고 불린다. 법제와 실정을 달리하는 개별 국가의 특허는 독립적인 효력이 인정되고 있다.

세계무역기구(WTO)의 회원국들은 1980년 공업소유권의 보호를 위한 파리 협약을 체결하여 '특허 독립의 원칙'을 다자조약으로 인정하였다. 이렇게 각국의 코로나 백신 특허는 독립적으로 보호되고 있으므로 미국에서 특허를 포기하더라도 나머지 국가에서 자신의 재량으로 특허권을 포기하지 않을 수 있다. 미국의 무역대표부(USTR)가 세계무역기구와 협상을 시작하는 것도, 각국의 특허권을 포기하거나 유예하기 위해서 회원국들의 합의가 필요하기 때문이다.

백신 특허를 유예한다는 것의 의미는? – 특허권 강제실시권 논의

1) 특허는 사유재산의 일종

특허는 사유재산이다. 내가 가진 집을 판매하거나 지인에게 빌려주고 수익을 얻을 수 있는 것과 같다. 특허권자는 자신의 특허발명을 독점적으로 사용할 수 있고, 누군가 자신의 특허발명을 사용하는 경우 침해금지청구, 손해배상청구 등으로 강력한 권리를 행사하여 자신의 특허발명을 보호할 수 있다. 특허권자는 자신의 권리를 활용할 자유가 있다. 다른 기업이 특허권자의 발명을 사용하기 위해서는 일정한 금액을 로열티로 지불하여야 한다. 특허로 수익을 얻는 것도 특허권자의 자유이다.

만약 상대방이 비용을 지불할 의사가 있더라도 특허권자가 라이선스 계약 체결을 거절한다면 어떻게 될까? 특허권자가 라이선스 계약 체결을 거절한다면 안타깝게도 해당 발명을 제3자가 사용하지 못할 확률이 높다. 특허권은 사유재산의 성격을 가지고 있고, 특허권자가 자신의 특허발명을 자유롭게 사용하여 수익을 얻거나 자신의 권리를 처분하는 것은 특허법에 의해 보장받는 하나의 사적 권리이기 때문이다.

2) 공익을 위해 강제실시권을 인정

현재의 팬데믹 상황과 같이 공공의 이익을 위하여 필요한 경우에도 특허권자가 라이선스 계약을 거부하게 된다면 자국민의 공공복리와 배치되는 상황이 발생하게 된다. 특허법은 이렇게 공공복리와 배치되는 예외적인 경우에는 특허권의 효력을 제한하는 규정을 두고 있다.

이는 '특허권의 강제실시권'으로 불리는 것으로 공익을 위해 제3자에게 실시권을 인정하여 공공복리를 증진시키기 위한 제도적 장치이다. 다만 특허권의 효력을 제한하는 강제실시권이 활용되는 사례는 전 세계적으로 극히 적은 만큼 사문화된 제도를 어떻게 활용할 것인지가 관전 포인트이다.

지식이 재산이 되는 시대

원천 기술을 가진 국가와 기업을 설득하는 것이 핵심

막대한 비용을 투입하여 코로나 백신 기술을 개발한 국가와 기업들이 반대의 목소리를 내고 있다. 10년 이상의 연구개발 기간과 수천억 원 이상의 개발비용을 투자할 유인이 사라진다는 이유이다. 독일 정부도 성명을 내어 "지식재산권이 코로나19 백신 생산의 걸림돌이 아니며, 지식재산권은 혁신의 근원이므로 반드시 유지되어야 한다."라고 밝혔다. 독일 정부는 미국 화이자와 백신을 공동 개발한 자국의 바이오엔테크 등을 보호하기 위한 것으로 보인다. 화이자와 모더나 등 대형 제약사들은 "mRNA 기술을 아직 개발하지 못한 중국과 러시아 등에 자사의 신기술이 넘어갈 수 있다"라고 밝히며 백신 특허권 유예를 반대하고 있다.

특허 제도는 각 국가별 제도의 차이점과 현실을 반영하여 특허 독립의 원칙을 채택하였고, 기업의 사유재산을 법적으로 보장하여 연구개발을 촉진하기 위한 장치를 두고 있다. 공익과 사익의 경계선을 그어야 하는 문제로 귀결된다. 제약회사들과 일부 국가의 반발을 무시하고 코로나 백신 기술을 가진 특허권자의 권리를 박탈하기는 어렵다. 국가들의 합의가 없이는 특허권을 제한하기까지는 상당한 진통이 예상된다.

코로나19의 팬데믹 상황에서 특허권자의 사권을 제한할 전 세계적인 긴급성과 필요성이 있는 만큼 백신 기술에 대한 특허권 유예 논의를 서둘러 진행하여 팬데믹 상황이 신속하게 해결되는 것이 더욱 바람직한 해결책이지 않을까? 코로나 시대의 지식재산권의 균형 감각이 필요하다.

스타트업 특허 바이블

08 NFT의 활용은 어디까지?
IP 영역까지 침범하다

2022년에 가장 뜨거운 화두가 될 키워드는 단연 "NFT"이다. 세상은 왜 NFT 기술에 열광하고 있을까? 어떤 이는 가상화폐의 열풍의 연장 선에서 투기 광풍이 아닌지 의심의 눈초리를 보내고, 혹자는 디지털 콘 텐츠에 생명을 불어넣는 차세대 기술로 극찬하고 있다.

그렇다면, 우리는 NFT를 어떻게 바라보아야 할까?

NFT는 'Non Fungible Token'의 약자로, 블록체인 기술을 이용하 여 디지털 자산의 소유를 증명하는 가상 토큰을 말한다. 어려운 한 문 장이다. NFT를 살펴보기 전에 조금 더 본질적인 질문을 던져보는 것 이 좋을 것 같다. 세상을 바라보기 전에 먼저 우리의 이야기를 먼저 하 고 싶다.

79억 명이 사는 지구에서 나는 내가 세상에서 유일한 존재임을 알지만 세상의 사람들에게 "나"라는 존재를 증명하기는 까다로운 문제이다. 신분증, 10년 지기 친구의 증언, 그리고 가족과 찍은 어린 시절 사진들로 나를 설명할 수 있을까? 지문이나 홍채, 글자체, DNA 유전자 분석 결과라면 충분한 것일까? 길거리에 걸어 다니는 사람들에게 스스로 나라는 사람을 설명하는 방법을 택할 수도 있다.

하지만, 디지털 세계에서는 조금 다르다

현실의 나와 달리 디지털 세계에서 데이터 조각들은 자신들이 유일하다고 소리칠 수 없고 지문이나 홍채도 가지고 있지 않다. CTRL과 C, V의 조합으로 복사와 붙여넣기가 가능한 '디지털 콘텐츠'는 무엇이 오리지널인지 확인하는 과정은 더욱 어렵고 복잡한 과정을 거쳐야 한다. 창작자와 구매자 모두에게 진위는 중요한 문제이다.

설령 공명정대한 감독관이 진위를 판별하거나 중앙의 관리 서버를 통해 감독한다고 하더라도 그 판단은 불완전하다. 감독관의 판단 착오나 서버의 해킹이 발생할 수 있기 때문이다. 이때 NFT가 진가를 발휘한다.

블록체인 기술을 적용하여 디지털 파일에 대해 고유의 식별 정보를 부여함으로써 디지털 파일의 고유성을 증명할 수 있고 비로소 위와 같은 고민을 덜어줄 수 있게 되었다. NFT만으로 디지털 콘텐츠가 원본임을 손쉽게 인증할 수 있게 되는 것이다. NFT가 지식재산 분야에서 주목받고 있는 이유는 원본과 복제품의 문제를 해결할 수 있기 때문이다.

지식재산과 NFT

방탄소년단(BTS)의 소속사인 하이브, JYP, YG 등의 주요 엔터테인먼트 회사들이 다른 기업들보다 일찌감치 NFT 시장 진출을 공식화하였다. 콘텐츠를 제작하여 유통하는 기업에게 큰 골칫거리였던 복제품 문제를 해결할 수 있는 해결책을 제시하고 있기 때문이다.

게임, 웹툰 등의 지식재산의 소유자는 거래 과정에서 NFT에 기초하여 라이선스 비용을 받거나 커뮤니티 생태계의 입장권을 NFT로 활용할 수 있어 디지털 콘텐츠 개발 및 상용화 과정에 NFT를 접목하려는 시도도 증가하고 있다.

또한 지식재산 창작자들의 분쟁 해결을 위해서 NFT를 활용하기 위한 연구도 시작되었다. 서로 자신이 먼저 개발한 발명, 기술이라고 주장하는 당사자들 사이에서 연구개발 이력을 NFT로서 증빙하는 용도로 쓰는 것이다.

게임 내의 아이템이나 메타버스 내의 부동산과 같이 이제까지 디지털 세상에서 주목받지 못한 가상의 자산들이 NFT라는 꼬리표를 부여받음으로써 새로운 가치가 탄생할 가능성도 열리게 되었다. '증명'이라는 단계를 줄여주고, '고유함'을 나타냄으로써 NFT가 사회에 미칠 영향력은 무궁무진하다. NFT를 향한 여러 우려 섞인 시선들보다는 새롭게 탄생시킬 가치에 조금 더 주목해볼 필요가 있지 않을까.

스타트업 특허 바이블
-스타트업에게 필요한 지식재산 A to Z

초판발행	2022년 5월 24일
중판발행	2022년 6월 24일

지은이	손인호
펴낸이	안종만·안상준

편 집	이면희
기획/마케팅	정연환
표지디자인	BEN STORY
제 작	고철민·조영환

펴낸곳	(주) **박영시**
	서울특별시 금천구 가산디지털2로 53, 210호(가산동, 한라시그마밸리)
	등록 1959.3.11. 제300-1959-1호(倫)
전 화	02)733-6771
f a x	02)736-4818
e-mail	pys@pybook.co.kr
homepage	www.pybook.co.kr
ISBN	979-11-303-4206-1 93360

정 가 16,000원